O R T N E R

B A U T E N   F Ü R   E U R
B U I L D I N G S   F O R   E U

& ORTNER

OPÄISCHE KULTUR
ROPEAN CULTURE

Mit Beiträgen von
With contributions by

Manuela Hötzl
Ernst Hubeli
Bart Lootsma
Sophie Lovell
Laurids Ortner

Birkhäuser
Basel · Boston · Berlin

Bauten für europäische Kultur
Buildings for European Culture

Cover image: Franziska Megert
Graphic Design: Haslacher ID – Design, Vienna
Editing: Hermine Palme
Essays by Ernst Hubeli and Interview, translation from German into English: Roderick O'Donovan, Vienna
Essays by Bart Lootsma and Sophie Lovell, translation from English into German: Thomas Menzel, Lörrach
All other texts, translation from German into English: Lisa Rosenblatt, Vienna
Repro: Pixelstorm, Vienna
Printing: Holzhausen Druck & Medien GmbH, Wien
Generously supported by   ⌐ FSB
Library of Congress Control Number: 2007936742
Bibliographic information published by the German National Library
The German National Library lists this publication in the Deutsche Nationalbibliografie;
detailed bibliographic data are available on the Internet at http://dnb.d-nb.de.

© 2008 Birkhäuser Verlag AG
Basel · Boston · Berlin
P.O. Box 133, CH-4010 Basel, Switzerland
Part of Springer Science+Business Media

Printed on acid-free paper produced from chlorine-free pulp.
TCF ∞
Printed in Austria
ISBN: 978-3-7643-7154-8

9 8 7 6 5 4 3 2 1
www.birkhauser.ch

Inhalt / Content

Vorwort / Foreword   6

Ernst Hubeli, Architektur nach der Globalisierung /
Architecture after Globalisation   8

Manuela Hötzl / Laurids Ortner, Eine Art von Unsichtbarkeit /
A Kind of Invisibility   22

Theater   35

Laurids Ortner, Short Cut   36
Bauten und Projekte / Buildings and Projects   46
Ernst Hubeli, Das Spezifische / The Specific   88

Bibliothek / Library   101

Short Cut   102
Bauten und Projekte / Buildings and Projects   112
Sophie Lovell, Enigma Variations   154

Museum   165

Short Cut   166
Bauten und Projekte / Buildings and Projects   176
Bart Lootsma, Eine Heterotopie aus Heterotopien /
A Heterotopia of Heterotopias   224

Alle Auseinandersetzung mit Architektur lässt sich rasch herunterbringen auf die Frage: Was an Idee und Form ist weiterführend brauchbar?

Die freien Künstler, vor allem die Maler, eignen sich ein subtiles Verständnis für die Quellen der Tradition an, die ihre persönliche Haltung unterstützen könnten. Die alten Bilder bleiben immer Bestandteil neuer Überlegungen. Der Faden, der gute Qualität durch alle Zeit verbindet, ist dort nie gerissen.
Anders bei den Architekten. Seit dem Beginn der Moderne sind sie getrieben, Tag für Tag bei Null zu beginnen, um etwas zu erfinden, das sich als Innovation stilisieren lässt. Unterm Strich aber haben die Erfindungen, die da gemacht wurden, als räumliche Erlebnisse erstaunlich wenig gebracht, wenn man sie Beispielen aus der Geschichte gegenüberstellt.

Was führt nun weiter, worauf lässt sich in neuer Kontinuität aufbauen? Vergleicht man beispielsweise Corbusiers Bauten für den Regierungsbezirk von Chandigarh mit den um zwei Jahre späteren Bauten von Louis Kahn für das Institute of Public Administration in Ahmedabad, so gibt es keinen Zweifel: auf Kahn lässt sich aufbauen, auf Corbusier nicht. In seiner egomanischen Totalität gerät Corbusier fatal in die architektonischen Posen völliger Machtergreifung. Kahn hingegen gelingt es,

All confrontations with architecture can quickly be reduced to the question: What elements of idea and form are useful in guiding us onward?

Artists, mainly painters, acquire a subtle understanding of the resource of tradition that can to support their own personal position. Old paintings always remain an integral part of new contemplations. There, the ties that bind good quality across the ages remain unbroken.
For architects, the situation is different. Since the beginning of the modern era, they have been driven to begin again at point zero day after day and devise something that can be stylized as innovative. But the bottom line is that compared with historical examples, the inventions that have been made have achieved surprisingly little as spatial experiences.

What can lead us on then, what can be built upon in a new continuity? If one compares Corbusier's buildings for the government district in Chandigarh with the buildings built two years later by Louis Kahn for the Institute of Public Administration in Ahmedabad, then it is obvious: Kahn can be built upon, Corbusier can't. In his egomaniacal totality, Corbusier takes a fatal plunge into the architectural pose of complete seizure of power. In contrast, without bending over backwards Kahn

ohne sich rückwärts zu wenden, wieder Anknüpfungspunkte zu architektonischen Errungenschaften zu finden, die uns längst bekannt waren, aber in Verschütt geraten sind.

Heute zeigen die Architekten von Sanaa die Richtung an. Durch die konzeptuelle Umdeutung der gestellten Aufgabe, durch das Herausschälen anderer Inhalte, gelangen sie zu selbstverständlichen Lösungen, die mit ihren reduzierten Formen rätselhafte Klarheit ausstrahlen.

———

succeeds in finding points of conjunction with architectural achievements that we have known for quite some time, but have somehow lost sight of.

Today, the architects from Sanaa are leading the way. Through their conceptual reinterpretation of the tasks at hand, they uncover different contents and arrive at self-evident solutions which, with their minimal forms, radiate enigmatic clarity.

———

Architektur nach der Globalisierung
Ernst Hubeli

Als das Guggenheim-Museum in Bilbao 1997 mit einem globalen Medienauftritt eingeweiht wurde, war sich noch kaum jemand der historischen Tragweite bewusst, was es bedeutet, wenn das reale Architekturobjekt weit weniger wichtig ist als seine mediale Wirkung. Nicht die gleiche, aber eine nicht minder evidente Frage stellte sich, als Johannes Gutenberg die beweglichen Buchstaben und damit die moderne Reproduktionstechnik erfunden hatte. Der französische Schriftsteller Victor Hugo war überzeugt, dass ab sofort alle künstlerischen Ausdrucksformen verschwänden, allen voran die Architektur. Sie werde nun nur noch für die Bücher entworfen, weil alles Materielle zur Bedeutungslosigkeit verkäme: ‚Ceci tuera cela.‘

Würde man Hugos Befürchtungen vergegenwärtigen, dann fände Architektur nur noch auf dem Bildschirm statt. Das Guggenheim-Museum war in der Tat ein *medialer Oberflächenknall*, den der Architekt Frank Gehry gerne mit einem ‚wow, wow, wow‘ kommentiert. Aus der Optik der Krisenmanager gehört das globale Architekturzeichen zur Ökonomie der Aufmerksamkeit. Es sollte Bilbao, das nach dem Zusammenbruch der Schwerindustrie in einem wirtschaftlichen Koma lag, in eine Aufbruchstimmung versetzen, so dass weltweit wieder positiv von der Stadt gesprochen wird. Die Medienprofis versprachen, dass ein sensationelles Architekturlabel wie ein Magnet auf Firmen und Touristen wirke und so auch die hohe Arbeitslosigkeit beseitigen werde.

Architecture after Globalisation
by Ernst Hubeli

When the Guggenheim Museum in Bilbao was inaugurated in 1997 with a global media appearance, hardly anyone was aware of the historical significance of what it means when a real architectural object is far less important than its media effect. Not quite the same question but one that is no less evident arose when Johannes Gutenberg had invented movable letters and along with them modern techniques of reproduction. The French writer Victor Hugo was convinced that from then onwards all artistic forms of expression vanished, above all architecture. It was, he said, produced only for books as everything material declined into meaninglessness: "Ceci tuera cela."

Were one to relate Hugo's fears to the present-day then architecture would be found only on the monitor. The Guggenheim Museum was indeed a media interface bang, which architect Frank Gehry likes to comment with a "wow, wow, wow". From the viewpoint of the crisis manager, the global architecture symbol belongs to the economy of attention. It was intended to shift Bilbao, which after the collapse of heavy industry was lying in an economic coma, into a mood of new beginnings so that the city would be talked about in a positive way throughout the world. The media professionals promised that a sensational architecture label would work like a magnet on companies and tourists and would thus also help to reduce the high unemployment levels.

Vom Versprechen haben zwar die Krisenberater und einige Baufirmen profitiert – gehalten wurde es freilich nicht. Dennoch: seither glauben Stadtpolitiker rund um die Welt an den Voodoo-Zauber von Architektur. Sie wollen auch ‚so etwas wie Bilbao' – etwas, das aus der alltäglichen Bilderflut auftaucht wie der Phönix aus der Asche. Auch zeitgenössische Mahner reagierten rasch auf die ultimative Reproduktionstechnik. Flusser, Virilio und Baudrillard prognostizieren, dass das Virtuelle, Fiktive und Mediale das Reale bald in den Schatten stellen, wenn nicht gar vernichten werde, inklusive die auratische Erfahrung in Ermangelung des Originals – was schon Charles Baudelaire im vorletzten Jahrhundert vorausahnend bedauert hat.

Nun darf man sich fragen – damit befasst sich der vorliegende Essays – ob die Medialisierung der Architektur ihren und den Stellenwert von Kulturbauten grundlegend und nachhaltig verändert. Ein vielschichtiges Thema, das zunächst die Frage aufwirft, was die Medialisierung zu leisten vermag und was nicht.

Hyperkultur — Dass Kultur international zirkuliert, ist nicht neu. Mit der weltweiten Öffnung der Märkte (durch entsprechende Regelungen des Handels) hat sich aber seit rund 20 Jahren die Internationalisierung verselbständigt und eine eigene, globale Kultur mit spezifischen Merkmalen hervorgebracht.

Eine erste Besonderheit besteht in ihrer Ort- und Geschichtslosigkeit. Dazu gehören spezifische Vermittlungs-, und Werbetaktiken, insbesondere Einkaufs- und

The crisis consultants and the construction companies have profited from this promise – but it has certainly not been kept. Nevertheless: since that time politicians around the world believe in the voodoo magic of architecture. They want something like Bilbao – something that surfaces out of the daily flood of images like a phoenix rising from the ashes.

Contemporary warning voices also reacted quickly to the ultimate reproduction technology. Flusser, Virilio and Baudrillard forecast that the virtual, fictive and medial would soon place the real in the shade – if not indeed destroy it – and along with it, due to the lack of the original, the auratic experience – something that Charles Baudelaire prophetically regretted in the century before last.

Now one is entitled to ask – and this is the subject of this essay – whether the medialisation of architecture has radically and lastingly altered architecture and the value of cultural buildings. This is a complex topic that initially raises questions about what medialisation can and cannot do.

Hyperculture — The fact that culture circulates internationally is nothing new. With the worldwide opening of markets (through the appropriate regulation of trade) for about the last 20 years internationalisation has made itself independent and produced its own global culture with specific characteristics.

Erlebniszentren, die als entortete Stadtsimulationen wie gestrandete Ufos in Niemandsländern stehen. In den großräumlichen Einkapselungen wird die globale Kultur inszeniert und als Performance vorgeführt. Dabei löst sich – das ist das zweite Merkmal – der traditionelle Unterschied von Kultur und Produkt auf: Kunst, Natur, Lifestyle, Schokolade und Musik verschmelzen zu einem Allerwelt-Event in einem hermetischen Raum kollektiver Erregtheit. Das gilt im Kern auch – davon wird später die Rede sein – für die globale Kulturszene, die ‚subversive Strategien‘ der Verfremdung, der Wahrnehmungsstörung und Dekonstruktion verfolgt.

Das dritte Merkmal besteht in der medialen Bilderflut, welche die Zuordnungen von Zeichen und Bedeutungen verunmöglicht, da Geschichte, Zeit und Ort nicht kongruent sind. Das hat den Vorteil, dass Zeichen und Symbole – von Ausnahmen abgesehen – austauschbar und dadurch entmachtet werden, so dass Kultur sozial durchlässiger wird.

Diese drei Merkmale können zusammenfassend als *Hybridisierung* bezeichnet werden; sie haben eine dialektische Dimension: Der Befreiung von bevormundenden Interpretationszentren steht eine Gleichwertigkeit aller ästhetischen Konzepte und Kulturen gegenüber – dirty realism, radical chic, Kitsch, Camp, Retro, Modern, Weltmusik, Crossover, unzählige Brands, Labels für Kleidung, Lebensmittel, Lifestyle, Design und Architektur sind gleichwertige Varianten vom ‚ganz Anderen‘. Ihre Gemeinsamkeit besteht darin, dass sie nach neuen Märkten schielen, um sie global zu erobern. So gehört es zu einem Mythos, dass die globale Kultur ein ‚progressives‘

The first special quality is its facelessness and lack of place. To this belong certain specific mediation and advertising tactics, in particular shopping centres and theme centres, displaced simulations of the city that stand like stranded UFOs in no-man's-land. In these large urban capsules global culture is staged and presented as performance. Hereby – and this is the second characteristic – the traditional difference between culture and product disappears. Art, nature, lifestyle, chocolate and music blend to form an everyday event in a hermetic space of collective excitement. This is essentially true of the global culture scene too (which we will come to speak of later) that pursues "subversive strategies" of alienation, perceptual disturbance and deconstruction.

The third characteristic consists of the flood of media images that makes the attribution of symbols and meanings impossible, as history, time and place are not congruent. This has the advantage that signs and symbols – apart from a few exceptions – are made interchangeable and therefore robbed of their power, so that culture becomes more socially permeable.

These three characteristics can be summarised by the term hybridisation; they have a dialectic dimension: the liberation from patronising centres of interpretation is accompanied by the assignment of equal value to all aesthetic concepts and cultures – dirty realism, radical chic, kitsch, camp, retro, modern, world music, cross-over,

Feld für Architektur, Design und Kunst öffnen und eine neue Avantgarde hervorbringen kann. Dieser Mythos entspricht einem altavantgardistischen Reflex, der auf der Suche nach dem vorauseilenden Gestus nun aber auf eine *enthierarchisierte Kultur* trifft, deren Interesse gerade darin besteht, Unterschiede von oben/unten, fortschrittlich/rückschrittlich aufzuheben.

Das vierte Merkmal liegt in den unüberblickbaren Quantitäten an Ereignissen und Produkten, welche die globale Kultur – Hyperkultur – tagtäglich generiert.

Adornos Begriff ‚Kulturindustrie' erscheint vor diesem Hintergrund verharmlosend, insbesondere das kritische Selbstverständnis, das er seit den 1940er Jahren etabliert hat.

Die Industrialisierung hat sich – freilich systemimmanent – ausdifferenziert, so dass Adornos Kritik an der Verdinglichung, Kommerzialisierung und Simplifizierung längst zum globalen Kultursortiment gehört. Das heißt, dass die globale Hyperkultur die Kritik unterläuft: Sie integriert Kritik als ästhetisches Ereignis oder Produkt und ist – darüber hinaus – politisch nicht greifbar, da Produktion und Verantwortung getrennt sind. Das gilt sowohl für Kunsthandelskonzerne wie die Guggenheim-Stiftung als auch für Modekonzerne wie etwa Nike, dessen kleines Headquarter sich in Oregon befindet, während die 23'000 Arbeiter auf der ganzen Welt verteilt sind und je nach politischen Verhältnissen rekrutiert werden. Ähnlich strukturiert sind globale Dienstleistungskonzerne, etwa der Londoner Ingenieurkonzern Arup mit weltweit verteilten 7'000 Mitarbeitern.

innumerable brands, labels for clothing, foodstuffs, lifestyle, design and architecture are variations of something "very different" that are of equal value. What they have in common is that they ogle at new markets, so as to conquer them on a global scale. And so it is part of a myth that global culture is able to open up a "progressive" field for architecture, design and art and introduce a new avant-garde. This myth matches an old avant-garde reflex that, in its search for the anticipatory attitude, encounters a culture that has been stripped of hierarchy, whose interest lies in removing the differences between above and below, between progressive and backward.

The fourth characteristic lies in the overwhelming quantities of events and products generated daily by that global culture – the hyperculture. Seen against this background, Adorno's term "culture industry" appears too mild, in particular as regards the critical self-understanding that it has developed since the 1940s.

Industrialisation has differentiated itself, which naturally is immanent to the system, so that Adorno's critique of objectification, commercialisation and simplification has long formed part of the global cultural assortment. This means that global hyperculture avoids criticism: it integrates criticism as an aesthetic event or product and, above and beyond this, cannot be politically influenced, as production and responsibility have been separated. This applies both to concerns in the art business

Das fünfte Merkmal kann man als postfordistische Industrialisierung bezeichnen. Sie hat die Wareneigenschaften verändert. David Harvey spricht in diesem Zusammenhang von einer flexiblen Akkumulation. Das heißt, die Verwertungsmaschinen haben nicht nur ihr Tempo erhöht und die Märkte erweitert, sondern die Ware medialisiert, um sie der globalen Zirkulation anzupassen. Die Waren haben so eine fiktive und virtuelle Dimension erreicht. Mit dieser entmaterialisierten Form ist es auch möglich, die Waren emotional anders zu besetzen: die kulturhybriden Produkte werden auf dem globalen Bildschirm intimisiert und versprechen, individuelle Bedürfnisse zu befriedigen. Der – wenn man so will – ausdifferenzierte Fordismus stellt sich nun als *Umkehrung der Massenproduktion* dar: die industriell hergestellten Produkte erscheinen als Einzelstücke und bedeuten individuelle Freiheit – die Freiheit, einen eigenen Lebensstil zu wählen.

Die globale Hyperkultur kann so als eine phantasmagorische Konstruktion gedeutet werden: Individualisierung und Industrialisierung verschmelzen. Das Paradox konkretisiert sich, um eine Wendung von Marx zu vergegenwärtigen, in den Liebesblicken, welche die Waren werfen – medialisiert verführen sie zum Kauf von Identitäten: Ich Armani, Du Prada, Es Comme des Garçons.

Das Virtuelle und Fiktive, das sich zugleich verdinglicht, prägt die globale Hyperkultur und hat sie erfolgreich gemacht. Eine Kritik an ihr, falls eine solche relevant werden kann, dreht sich nicht um niedere und höhere Kultur, da eine Kultur, ex negativo über ‚Barbarei‘ definiert, lediglich die Frage aufwirft, ob Barbarei oder Kultur

such as the Guggenheim Foundation as well as to fashion concerns such as Nike whose small headquarters is in Oregon while the 23,000 staff are distributed throughout the entire world and are recruited according to the local political conditions. Global service concerns are structured in much the same way, for example the London-based engineering company Arup with its 7,000 workers distributed throughout the world.

The fifth characteristic can be described as post-Fordian industrialisation. It has changed the characteristics of goods. In this context, David Harvey speaks of flexible accumulation. This means the utilisation machines have not only increased their speed and expanded the markets but have medialised the goods so as to adapt them to global circulation. The goods have thus acquired a fictive and virtual dimension. With this dematerialised form it is also possible to emotionally load the goods differently: the culturally hybrid products are personalised on the global monitor and promise to satisfy individual needs. This, if you like, differentiated Fordism is thus revealed as a reversal of mass production: the industrially manufactured products appear as single items and signify individual freedom – the freedom to choose one's own lifestyle.

Global hyperculture can thus be interpreted as a fantasmagorical construction: individualisation and industrialisation meld. The paradox becomes concrete, to recall

interessanter sei. Eine Kritik müsste auch nicht am Warencharakter der Kultur ansetzen (wo liegt da das Problem?), sondern am uneinlösbaren Versprechen, dass Identitäten sich klonen und mutieren.

Identität ist kein Ding, kein Gegenstand. Identitäten setzen eine Zeit, einen Prozess, eine Aneignung voraus. Dem widerspricht die globale Hyperkultur grundsätzlich; sie hat – um im Terminus zu bleiben – eine *Identitätsindustrie* hervorgebracht. Ihre Produkte suggerieren, dass keine Differenz zwischen der realen und der medialen Wirklichkeit besteht. Keine Differenz zwischen Zeit und Nicht-Zeit, zwischen Geschichte und Nicht-Geschichte, zwischen Physischem und Nicht-Physischem.

Eine Kritik an der globalen Hyperkultur dreht sich um Unterscheidungen – um die Akzeptanz von Vielfalt, Konflikten, Unbestimmtheit und Antagonismen, die zwischen verschiedenen Kulturen bestehen. Strukturell ist davon auszugehen, dass die *Gleichzeitigkeit* der globalen mit anderen, lokalen, regionalen und temporären Kulturen irreversibel ist, so wie der Modernisierungsschub der letzten 20 Jahre kaum rückgängig zu machen ist.

Es wäre also naiv, eine lokale Kultur der Internationalisierung entgegenzusetzen, sei es als politische Alternative, als das Wahre oder das Echte. Unbestreitbar ist aber auch, dass die globale Hyperkultur spezifisch ist und deshalb keinen Maßstab für andere, mit ihr koexistierenden Kulturen setzen kann. Denn gemessen an anderen kulturellen Spielräumen hat die globale Hyperkultur enge Grenzen: Sie ist eindimensional

a statement by Marx, in the loving glances cast by the goods – medialised they seduce people to purchase identities: I Armani, you Prada, it Comme des Garçons. The virtual and the fictive that materialises itself at the same time, shapes global hyperculture and has made it successful. Any criticism of it, if such criticism can become relevant, does not revolve around lower and higher culture, as a culture defined ex negativo in terms of "barbarism" only raises the question whether barbarism or culture is the interesting point. A critique should also not begin with the character of culture as goods (where does the problem lie?) but with the unfulfillable promise that identities can clone and mutate.

Identity is not a thing, not an object. Identities require a time, a process, and appropriation. Global hyperculture is fundamentally opposed to this; it has, to use the same terminology, produced an *identity industry*. Its products suggest that there is no difference between real and media reality. No difference between time and non-time, between history and non-history, between the physical and the non-physical.

Criticism of global hyperculture revolves around differentiations – around the acceptance of diversity, conflicts, uncertainty and the antagonisms that exist between various cultures. Structurally, one can assume that the contemporaneity of

und glatt; sie ist ort- und geschichtslos, sie ist diskursfeindlich, politisch indifferent und antidemokratisch – nicht nur heute, sondern vermutlich auch in Zukunft.

Das bedeutet allerdings nicht, dass lokale und regionale Kulturen automatisch besser oder differenzierter wären – zudem stehen sie auch unter dem globalen Verwertungsdruck; sie haben aber andere, auch größere Spielräume, die wahrscheinlich in Zukunft attraktiver sind als die Selbsteingrenzung und zwangsläufige Redundanz der globalen Hyperkultur.

Aus politischer Sicht ist sie konservativ. Zwar bemühen sich Giddens und Beck die ‚Entbettung‘, welche die Globalisierung mit sich bringe, als progressive Lebensverhältnisse zu verklären, ähnlich wie Global Culture Players sich als neue ästhetische Avantgarde verstehen, in Wirklichkeit aber bloß ‚orakelartige Formen‘ (van Toorn) auf die Designermärkte werfen.

Giddens und Beck leisten durch ihre Lebensratschläge selbst die Entmystifizierung. Die ‚Selbstaktualisierung‘ soll jenseits von links und rechts, aber innerhalb der Globalisierungstendenzen als eine selbstreflexive Selbstverwirklichung stattfinden. Gewissermaßen als kollektiver Nebeneffekt würde so auch die Globalisierung beeinflusst.

Die Empfehlung ist nicht nur eine entpolitisierte Form einer ‚Lebenspolitik‘ für den Mittelstand; sie fällt auch unweigerlich in die Medienfalle, welche die globale Hyperkultur legt: die unbegründete Anerkennung ihrer Dominanz. Die Alternative zur

global culture with other local, regional and temporary cultures is irreversible, just as the modernisation phase of the last twenty years can hardly be undone.

Thus it would be naïve to oppose internationalisation with a local culture, whether as a political alternative, as the true or the genuine. It is also, however, undeniable that global hyperculture is specific and is therefore not a measure of other cultures that coexist with it. Because, measured against other cultural ranges global hyperculture has narrow boundaries, it is monodimensional and smooth, it is homeless and without a past, it is hostile to discourse, politically indifferent and antidemocratic – not just today but most probably also in the future.

Yet, this does not mean that local and regional cultures would automatically be better or more differentiated – they are also under global pressure to prove their usefulness but they have other, larger ranges that in the future will probably be more attractive than the self-restriction and unavoidable reduncancy of global hyperculture.

From a political viewpoint, it is conservative. Although Giddens and Beck attempt to transfigure the "unbedding" that globalisation brings with it as progressive life circumstances, just as global culture players see themselves as the new aesthetic avant-garde, but in fact only throw "oracle-like forms" (van Toorn) onto the designer markets.

,Entbettung' kann ja nicht darin bestehen, sich in der Globalisierung einzubetten. Anstelle repressiver Toleranz wäre wohl ein Lebensentwurf attraktiver, der Ambivalenzen und Antagonismen nicht verneint, sondern zulässt, wie auch das nomadenartige Pendeln zwischen physisch wahrnehmbaren und elektronischen Welten. ,Wer aber', meint Hans Magnus Enzensberger, ,das Reale vom Fiktiven und Virtuellen nicht mehr unterscheidet, ist reif für den Psychiater.'

Einen anderen Mythos progressiver Tendenzen verbreiten urbane Recherchen aus dem globalen Großraum, etwa aus dem chinesischen Perlfluss-Delta. Manuel Castells berichtet von den neuen Megacities, so als ob er an der Kampffront der Moderne stünde, wo sich die Zukunft der Welt heute noch entscheidet. Die allerneueste Urbanität, die er vor Ort entdeckt, werde weltweit den Maßstab setzen. Er konkretisiere sich – neben der selbstverständlichen globalen Vernetzung und dem schnellen Bauen – in einer manipulierbaren Masse von Arbeitskräften, die aus nahen Niemandsländern beliebig abrufbar seien.
Bei der Beschwörung ultimativer Urbanität werden selbst die nahe liegenden Fragen des chinesischen Turbo-Kapitalismus ausgeblendet, der sich unter anderem in einer beispiellosen städtebaulichen und sozialen Tabula rasa vergegenständlicht. Deren spezifische politische, wirtschaftliche und historische Voraussetzungen bleiben verklärt wie Fragen nach den Widersprüchen, der Instabilität und der politischen

Through their tips on life Giddens and Beck themselves assist the process of demystification. The "self-actualisation" should take place as a self-reflexive self-realisation outside the categories of left and right, but within globalisation tendencies. Globalisation would thus also be influenced in a certain sense as a collective side effect.
This recommendation is not only a depoliticised form of "life policy" for the middle class, it also inevitably falls into the media trap set by global hyperculture: the unsubstantiated recognition of its dominance. The alternative to this "debedding" cannot lie in embedding oneself in globalisation. In the place of repressive tolerance, a life design that does not deny ambivalence and antagonisms but that allows both of them as well as a nomad-like wandering between the physically perceptible and the electronic world would be more attractive. "But," says Hans Magnus Enzensberger, "whoever no longer distinguishes the real from the fictive and the virtual is ready to see a psychiatrist."

Urban research from the global mega-region, for example from the delta of the Pearl River in China, spread a further myth of progressive tendencies. Manuel Castells reports about the new megacities as if he were standing at the battlefront of modernism where the future of the world is being decided today. The very latest urbanity that he discovers on site will, or so he maintains, set the standard throughout the world. It acquires concrete form – in addition to the taken-for-granted global

Perspektivlosigkeit wirtschaftlicher Hyperventilierung (die zurzeit von den Chinesen selbst gelindert wird). Was von der angeblich progressiven Stadtentwicklung übrig bleibt, ist eine Beschwörungsformel und ein Jargon, der zwischen marktreligiöser Rhetorik und Neuigkeitsmanie pendelt, was wohl die Sprache der globalen Hyperkultur ist.

G l o b a l e s — Die globale Hyperkultur hat auch eine Architektur hervorgebracht. Ihre Geschichte begann mit einem antiglobalen Kick. Angesichts eines sich zunehmend verflüchtigenden Genius Loci entsprach der aufkeimende ‚Regionalismus‘ der Sehnsucht, sich wieder in einer überblickbaren eigenen Welt zu verankern, wo alles durchschaubar erscheint, wo kulturelle Erlebnisse, Ort, Zeit und Materie verschmelzen. Was die Gleichzeitigkeit von Tradition und Modernisierung schon immer erzwungen hat, war auf Dauer freilich nicht zu vermeiden: der Regionalismus war nicht weniger ‚künstlich‘ und nicht weniger modern als die globale Hyperkultur. Jede Gegenmoderne hat ja auch immer die Moderne benötigt.
Die reine Stein-Wasser-Therme von Peter Zumthor etwa simuliert das alpine Urerlebnis mit japanischem Spezialkleber, ohne den die Natursteinfolien von allen Wänden fielen. Aus Rob Kriers bäuerlich-holländischen Dorfidyllen würden alle fliehen, wenn nicht alles fehlen würde, was mit alter oder neuer Landwirtschaft zu tun hat, und wenn nicht alles vorhanden wäre, was mit neuster Sicherheits- und Vernetzungstechnik zu bewerkstelligen ist.

network and rapid construction — in a manipulable mass of labour forces that can be summoned as required from neighbouring no-man's-lands.
This invocation of the ultimate urbanity ignores even the obvious questions about Chinese turbo capitalism, which expresses itself in an unparalleled urban and social tabula rasa. Its specific political, economic and historical preconditions remain unexplained, as do questions about the contradictions, instability and political lack of perspective of economic hyperventilation (that at present is being mitigated by the Chinese themselves). All that remains of the supposedly progressive urban development is an incantation and a jargon that moves back and forth between a market-religious rhetoric and a mania for novelty, which is the language of global hyperculture.

T h e   G l o b a l — Global hyperculture has also produced an architecture. Its history began with an anti-global kick. In the context of the gradual disappearance of the genius loci the emergence of "regionalism" reflected a longing to anchor oneself again in manageable individual worlds where everything seems transparent, where cultural experiences, place, time and material blend together.
What the contemporaneity of tradition and modernisation has always enforced was, of course, impossible to avoid permanently: regionalism was no less "artificial" and no less modern than global hyperculture. Every form of counter-modernism has always needed modernism.

Das gilt freilich auch für Retro-Versionen der ‚Steinernen Stadt‘: ‚Wer in einem Gebäude von 1890 lebt, kann lange auf den Kaiser warten.‘ (Ullrich Schwarz)

Die Inszenierung von Geschichte und Authentizität erwies sich innerhalb der Identitätsindustrie als gehobene Disneyvariante, was den Markt um ein wohlhabendes und sozialdemokratisches Klientel erweiterte.

Der Retro- wurde bald die progressive Version gegenübergestellt. Eine Architektur, befreit vom ‚fuck context‘ (Koolhaas), verhieß die Hinwendung zu ‚Bigness‘ und zum zeitlos einzigartigen Objekt. Dem Guggenheim-Museum in Bilbao folgten unzählige andere und ähnliche Einzigartigkeiten, nach dem Motto je kleiner die Stadt, desto größer und unverwechselbarer das Objekt. Schließlich entstand ein globaler Katalog von einmaligen Architekturobjekten, vorwiegend Kulturbauten. Es gehört zu einer weiteren Besonderheit der Hyperkultur, dass über solche Phänomene – wie überhaupt über globale Architektur – geschwiegen wird, so als ob es sich um eine private Angelegenheit unter Architekten handeln würde. Wieso? Zunächst hat sich in den 1990er Jahren – durchaus vergleichbar mit der new economy-Szene – eine Art Country Club der Architektur gebildet. Er kümmerte sich um das Auf und Ab der Formen. Anfänglich bemühte sich der Club noch, das ‚neue Andere‘ mit einer Theorie und ästhetischen Strategien zu begründen. Doch das Unterfangen scheiterte, schon bevor es richtig in Gang kam. Die so genannten

The pure stone and water thermal baths by Peter Zumthor, for example, simulate the original alpine experience with the use of a special Japanese adhesive without which the cladding of natural stone would fall off the walls. Everyone would flee from Rob Krier's idyllic rustic Dutch villages if there were a trace of anything that has to do with old or new agriculture, and if everything that can be accomplished with the latest security and connection technology were not available there.

The same obviously applies to retro versions of the "stone city": "Anyone who lives in a building from 1890 will be waiting long for the emperor." (Ullrich Schwarz)

The presentation of history and authenticity was revealed within the identity industry to be an upmarket variation of Disney World that expanded the market to include a well-off, social-democratic clientele.

The retro was soon confronted with the progressive version. An architecture liberated from the "fuck context" (Koolhaas) promised a turn towards "bigness" and the timeless, unique object. The Guggenheim Museum in Bilbao was followed by innumerable other, similarly unique objects according to the motto: the smaller the town the larger and more unmistakeable the object. Finally, a global catalogue of unique architectural objects was compiled that consists largely of cultural buildings.

One of the further special characteristics of hyperculture is that silence is maintained

Any-Kongresse widerlegten sich selbst: einen globalen Architekturdiskurs gibt es nicht, geschweige denn eine globale Architekturtheorie. Das heißt, die Probleme und Themen, die internationale Dimensionen haben, sind allenfalls als Allgemeinplatz, konkret aber nicht ohne einen spezifischen regionalen und lokalen Kontext debattierbar. Die Schlussfolgerung machten auch die Veranstalter selbst, die sich vom Club dann auch verabschiedeten.

Es blieb ein Schrumpfclub. Er bewegte die theorielos agierende Architektur noch von einer handschriftlich- oder computergenerierten Form zur anderen, was freilich nicht zu einer Vielfalt, sondern zu Redundanz führte. Was als ästhetische Avantgarde und Subversion verklärt wurde – das ‚Neue Sehen‘, ‚Verfremdung‘, ‚Wahrnehmungsstörungen‘, ‚Zufallsgenerator‘ –, erwies sich als Rendering aus der Mottenkiste der Ex-Avantgarde (etwa der Strukturalisten), um den ausgetrockneten Designermarkt aufzufrischen.

Selbst eine schlaue und intellektuell scharfsinnige Avantgarde hätte es heute schwer, ihren Ruf von Bevormundung und pädagogischem Eifer abzulegen. Die Gesellschaft hört nicht mehr auf solche Anleitungen und sorgt selbst für Instabilitäten und Störungen, für die vorsätzliche Unterminierung von Gewissheit, Selbstverständlichkeit, Tradition und Routine. Wenn überhaupt von Avantgarde noch die Rede sein kann, dann besteht sie nicht mehr aus Autoren, Künstlern oder Architekten, sondern aus der Gesellschaft selbst.

about phenomena such as this and indeed about global architecture, as if it were a private matter for architects. Why is this?

In the 1990s – comparable to the new economy scene – a kind of country club of architecture developed. It dealt with the rise and fall of forms. Initially the club made an effort to justify the new, different qualities with a theory and aesthetic strategies. But this undertaking failed even before it really got started. What are called the Any Congresses contradicted themselves: there is no global architecture discourse. That is, the problems and themes that have international dimensions can be debated as a commonplace but cannot be discussed in a concrete way without a specific regional and local context. The organisers drew this conclusion themselves and then left the club.

It remained a shrunken club. It drove a kind of architecture that acted without a theory from one form generated by hand or computer to the next, which of course did not lead to diversity but to redundancy. What was misleadingly explained as aesthetic avant-garde and subversion – the "new seeing", "alienation", "distorted perception", "accidental generators" – turned out to be renderings from the junkroom of the ex-avantgarde (for example the structuralists) used to revigorate the dessicated designer market.

Even a clever and intellectually astute avant-garde would have difficulty today in discarding a reputation for being paternalist and filled with educational zeal. Society no longer listens to such instructions and itself supplies the instability and

Das erklärt auch den Umstand, dass die vermeintliche Avantgarde den gesellschaftlichen Realitäten hinterherhinkt – was einst vorauseilend war, ist nun nachholend. So können etwa computergenerierte Entwürfe als eine post-avangardistische Form der Turnschuhe von Puma gedeutet werden (Digital Manufacturing produziert Einzelstücke, die seriell hergestellt werden).

Aus der Not der Avantgarde gärt die Tugend der Affirmation. So kursierten schließlich im Restclub bald die Marktstrategien der Werbeprofis. Unverblümt empfahl Bruce Mau den Architekten, Gebäude wie Werbefilme zu entwerfen. Ein anderes Rezept kam von Boeri und Koolhaas, die lange vor dem Bildschirm saßen und mit schwitzenden Augen verkündeten, dass die digital erfasste Wirklichkeit eine andere progressive Wirklichkeit schaffe. Eben: wer das Virtuelle vom Realen nicht unterscheiden kann ... siehe Enzensberger.

Das Tun und Lassen des Clubs legt die Schlussfolgerung nahe, dass er inzwischen seine Belanglosigkeit selbst entdeckt hat, so wie die naive Entpolitisierung des Metiers rasch an eigene Grenzen stösst. So kann ‚die globale Architektur allenfalls die Schleifspuren des internationalen Kapitals dekorieren' (Ullrich Schwarz). Das kann Frau Prada bestätigen, die ihre 200 Läden weltweit ‚weniger langweilig' gestalten will, was den Auftragnehmer, Rem Koolhaas, veranlasst hat, wieder mal eine neue Theorie von globaler Tragweite zu erfinden: ‚Der letzte öffentliche Raum ist das Shopping.'

disturbance, the intentional undermining of tradition and routine. If one can talk of an avant-garde at all today then it no longer consists of authors, artists or architects, but of society itself.

This also explains the fact that what is supposed to be the avant-garde lags behind the social realities; what once hurried ahead, now tries to catch up. So, for instance, computer-generated designs can be interpreted as a post-avant-garde form of Puma trainers (digital manufacturing produces individual items that are produced in series). The virtue of affirmation was fermented out of the need of the avant-garde. And so the marketing strategies of the advertising professionals soon invaded the club of those left over. Without a trace of embarassment, Bruce Mau recommended architects to develop buildings like advertising films. A different recipe came from Boeri and Koolhaas who sat for hours in front of the monitor and with bleary eyes announced that digitally grasped reality would create another, progressive reality. Precisely: whoever cannot distinguish the virtual from the real ... see Enzensberger. What the club does and allows suggests that it has by now discovered its irrelevance, just as the naive depoliticising of the branch quickly arrives at its own limits. And so "global architecture can at best decorate the skidmarks of international capital." (Ullrich Schwarz) This could be confirmed by Ms Prada, who wanted to design her 200 shops worldwide "less boringly" which led her architect Rem Koolhaas to invent yet another new theory of global importance: "shopping is the last public space."

Es ist offensichtlich, dass jeder auch nur ansatzweise aufgeklärte Diskurs den globalen Schrumpfclub weiter schwächen würde – deshalb das Schweigen.

Dennoch: Auch wenn sich die globale Architektur zwischen Marktlogik, Schwachsinn, Realitätsverlust, Schizophrenie und Selbstentzückung bewegt, hat sie zwangsläufig eine Wirkung auf die nicht globale Architektur.
Vorerst kann aber festgehalten werden, dass die globale Architektur der 1990er Jahre sich selbst erledigt hat. Das hat drei Gründe.
Erstens: Bilbao war der Anfang und zugleich das Ende des einzigartigen Objekts. Die Inflation von (medialen) Einzigartigkeiten hat zu deren Selbstzerstörung geführt. Der Voodoo-Zauber ist erloschen, auch wenn noch viele Städte der vierten oder fünften Liga in eine vermeintliche Wiederholung des Bilbao-Effekts investieren und so ihre Krise verschärfen.
Zweitens: Mit der globalen Architektur, welche für die normalen Bürger bloß medial existiert, hat sich ihre Distanz zur Architektur der Gegenwart vergrößert. Dabei handelt es sich nicht um ein Vermittlungsproblem, das sich überwinden ließe, indem anspruchsvolle Architektur besser erklärt würde. Das Problem liegt in der Frage: für wen, in welchem Interessen wird überhaupt Architektur produziert?
Drittens: Die globale Architektur der 1990er Jahre ist im Wesentlichen nicht ein Produkt der Architekten, sondern eine Erfindung der Medien. Dem selbstreferenziellen

It is clear that any even marginally enlightened discourse would further weaken the global shrinking club – hence the silence.

Nevertheless: even if global architecture is moving between the logic of the market, stupidity, loss of a sense of reality, schizophrenia and self-rapture it has inevitably had an effect on non-global architecture. But first of all it can be said that the global architecture of the 1990s has defeated itself. There are three reasons for this.
Firstly: Bilbao was the start and, at the same time, the end of the unique object. The inflation of (media) unique pieces has led to their self-destruction. The voodoo magic has vanished, even if many cities in the fourth or fifth league are investing in the hope of repeating the Bilbao effect and in the process are merely making their own crisis worse.
Secondly: with global architecture that, for the normal citizen, exists only in the media the distance to contemporary architecture has grown. This is not a communication problem that could be solved by better explaining ambitious architecture. The problem lies in the question: for whom and in whose interest is architecture produced in the first place?
Thirdly: the global architecture of the 1990s is essentially not a product of architects, but an invention of the media. The self-referential compulsion to announce daily what has never been before, never seen before and is constantly new reflects

Zwang, das Nie-Dagewesene, Nie-Gesehene und Immer-Neue tagtäglich zu verkünden, entspricht einem ‚Medienzynismus vom Und, Und, Und …‘ (Sloterdijk) – eine Gleichgültigkeit und Gleichwertigkeit, mit der die Medien sich selbst und anderen aber auch eine Falle stellen: Sie definieren und generieren nicht nur das Neue, sondern sie zerstören es auch. Die globale Architektur ist nun in diese unabwendbare Zerstörungsphase getreten, was unter Journalisten heißt: das Thema ist nicht mehr sexy.

Aus der globalen Architektur ist eine *Wurlitzer-Orgel der Form* geworden. Dabei liegt das Kernproblem weniger in den seriellen Figuren von stummer, sprachloser Andersartigkeit; es liegt darin, dass die globale Architektur – das heißt die Medien – einen Maßstab eingeführt hat, der nicht nur wirklichkeitsfremd ist, sondern eine Entpolitisierung, eine Debatten- und Intellektuellenfeindlichkeit bedeutet. Das spiegelt die Banalität des typischen Architekturjournalismus der 1990er Jahre, der im Wesentlichen ein bieder humorloser Abklatsch globaler Markenwerbung war, allenfalls überhöht mit verkitschten Leerformeln baukünstlerischer Bedeutungshuberei. So kann es nicht erstaunen, dass die Rubrik ‚Architektur‘ allmählich aus den europäischen Zeitungen verschwindet, da nun auch die Redaktionen davon ausgehen müssen, dass ihre Leser den Unterschied zwischen einer Parfumflasche von Gucci und der eigenen Wohnung kennen.

———

a "media cynicism of and, and, and …" (Sloterdijk) – an indifference and making everything equal with which the media set both themselves and others a trap: they not only define and generate the new, but they also destroy it. Global architecture has now entered this inevitable destructive phase, what among journalists means: the topic is no longer sexy.

A *Wurlitzer organ of form* has developed out of global architecture. Hereby the core problem lies less in the serial figures of dumb, speechless difference and more in the fact that global architecture – that is, the media – has introduced a scale that is not only divorced from reality but that also means depoliticisation and hostility towards debate and intellectuals. This is reflected in the banality of the typical architecture journalism of the 1990s that was essentially a timidly correct and humourless repetition of global brand advertising, at times exaggerated with empty kitschy formulas with which architects invoke meaning.
Consequently it is hardly surprising that the topic "architecture" is gradually vanishing from European newspapers, as by now even the editors must assume that their readers recognise the difference between a Gucci perfume bottle and their own apartment.

———

Eine Art von Unsichtbarkeit
Manuela Hötzl im Gespräch mit
Laurids Ortner

Gibt es nicht schon zu viele Bücher über Architektur?

Es gibt viele überflüssige. Das ganze Angebot von Büchern, in denen nur geschönte Bilder ohne Umfeld und ohne konkrete Beschreibung von Bezügen gezeigt werden, ist inflationär. Viele dieser sogenannten Monografien gehören dazu.

Und wie soll ein gutes Architekturbuch aussehen?

Im Idealfall wie ein Reisebuch. Die Architektur soll darin so beschrieben werden wie eine fremde Gegend: detailreich, mit exakten Angaben über alltägliche Vorgänge, über Materialien, die landschaftliche Umgebung.
Beschrieben wird nur, was auch wahrgenommen werden kann. Keine Erklärungen, keine Interpretationen, keine Wertungen. So könnte man doch über Häuser und urbane Landstriche berichten. Alexander von Humboldt mit seiner teilnehmenden Betrachtung wäre dafür ein Vorbild.

Es geht doch aber auch um das Vermitteln von Architektur. Um eine verbale Darstellung.

Rem Koolhaas hat das ausgiebig praktiziert. Und funkelnde Bögen hergestellt, die weit Auseinanderliegendes miteinander verbinden. Was aber so unbefriedigend daran ist, dass die hausgemachten Architekturerfindungen nun auch noch als didaktische Theorie umgemünzt werden. Gute Architektur ist letztlich schlicht und kommt gut ohne Verweise auf anderes aus.

Eine Strategie, die auch zu großen Aufträgen führt …

A Kind of Invisibility
Manuela Hötzl talks to
Laurids Ortner

Aren't there too many books about architecture already?

Certainly there are many that are superfluous. The entire range of books in which only beautified images are shown without the surroundings and without any concrete description of the references is certainly inflationary. Many of the so-called monographs belong to this class of book.

And what should a good architecture book look like?

Ideally like a travel book, in which architecture should be described like a foreign region: rich in detail with exact descriptions of everyday procedures, the materials, and the surrounding landscape. The description should be restricted to what can be perceived. No explanations, no interpretations, no evaluations. One could write about buildings and townscapes in this manner. Alexander von Humboldt's participatory way of observing could serve as a model.

But surely the issue is also communicating architecture, a kind of verbal presentation.

Rem Koolhaas has practiced this extensively, and has created brilliant connections that link things which lie far apart. But the unsatisfactory aspect of this is that these homemade architecture inventions are now being used as didactic theories. Good architecture is ultimately plain and simple and thus it can easily manage without references to anything else.

A strategy that also leads to major commissions …

Mag sein. Es braucht sprachliche Argumente, um Architektur überhaupt durchzusetzen und bauen zu können. Trotzdem hat die permanente Übersetzerei von Architektur in Sprache der Architektur selbst geschadet.
Sie ist seltsam ausgehöhlt, ohne spürbare Substanz. Das Gespür für Raum fehlt, sagt Donald Judd. Eine Folge der Moderne, die zu Beginn dachte, gesellschaftliche Probleme lösen zu können, und auf verbale Vermittlung setzte.

Aber Le Corbusier, Adolf Loos oder schon Karl Friedrich Schinkel sind nur einige Beispiele, deren Bücher gleichbedeutend mit ihrer Architektur waren.

Das waren immer eigenständige Betrachtungen, die parallel zum Bauen geführt wurden. Loos zum Beispiel hat nicht versucht, seine Bauten sprechen zu lassen:
Er bestand auf einer Wirkungsweise, die still greift. Ein Museum aber als zerbrochener Judenstern ist schon vom ersten Ansatz an literarisch: eine verbale Metapher, die dann gebaut wird. Für bildende Künstler gibt es keine tödlichere Beleidigung, als ihre Kunst als literarisch zu bezeichnen. Sie wissen, dass sie dann ihr ureigenes Ziel verfehlt hätten.

Du meintest einmal, man müsste eine Art ‚Reality Check‘ der hochgelobten Bauten der letzten Jahre machen. Gibt es keine Bauten der Moderne, die gehalten haben, was sie versprechen?

Es ist doch bemerkenswert, dass die ganze Branche von Architekturmagazinen sich beharrlich darauf beschränkt, Architektur möglichst geschönt anzukündigen. Was aus diesen strahlend beleuchteten Werken im Gebrauch geworden ist, in

That may well be the case. Verbal arguments are necessary to implement architecture, to be able to build. Nevertheless, this business of permanently translating architecture into the language of architecture has ultimately damaged itself. It is hollow in a very curious way, without any tangible substance. A feeling for space is lacking, as Donald Judd says. This is a consequence of modernism that initially believed it could solve social problems and placed the emphasis on verbal communication.

But surely Le Corbusier, Adolf Loos or even Karl Friedrich Schinkel, to mention just a few, are examples of architects whose books are as just important as their architecture.

But these are all independent observations that were made parallel to the activity of building. For example Loos did not attempt to let his buildings speak.
He insisted on an effect that works through stillness. But a museum in the form of a broken Star of David is, from the very start, something literary: a verbal metaphor that is then subsequently built. For visual artists there is no more lethal insult than describing their art as literary, as this means that they have missed their most important target.

You once said that a "reality check" should be made of the buildings that have received lavish praise in recent years. Are there no modern buildings that have fulfilled what they promised?

It really is quite remarkable that all the architecture magazines insist on restricting themselves to presenting architecture in as beautified a way as possible. What

welcher Umgebung sie sich befinden, scheint niemanden zu interessieren. Das meiste sieht dann recht bescheiden aus.

Wie entsteht diese Täuschung der Öffentlichkeit? Kann man sie, mit einem Vergleich aus der Mode, als ‚Fashion Victim‘ bezeichnen?

An der Begeisterung für das Spektakuläre ist nichts auszusetzen. So funktionieren wir. Allerdings, wenn es um das Bauen geht, wird es wichtig, die zeitlich viel längere Wirkungsweise miteinzubeziehen. Das eben unterscheidet Architektur von Mode.

Wie gehst du mit dem Begriff Kontext um?

Kontext ist die Grundbedingung für jede Architektur. Wenn ein Architekt glaubt, sich darüber hinwegsetzen zu können, dann macht er irgendetwas anderes, sicher keine Architektur. Wir müssen exakter mit unseren Begriffen und Definitionen umgehen. Deshalb kann sich auch kein Diskurs bilden, weil sich offensichtlich jeder zurechtbiegt, was allgemeine begriffliche Basis sein sollte. Ein ständiges Beginnen bei Null, das jede Kontinuität unmöglich macht.

Kritik an der Moderne?

Das Gedankengut der Moderne mit seinem Ansatz, die Gesellschaft zu erneuern, wurde in den Jahrzehnten danach immer mehr zur individuellen Erfindung verfälscht. Jeder Architekturstudent wird nun darauf getrimmt, möglichst eigenständige Architekturformen zu erfinden. Die Folge ist ein in sich geschlossenes Gerede, das sich jeder gemeinsamen Weiterentwicklung entzieht. Architektur aber braucht

becomes of these brilliantly illuminated works when used, or the nature of the setting they are placed in doesn't seem to interest anyone. Most of the work then looks very ordinary indeed.

How does this deception of the public arise? Can one describe it as a case of the "fashion victim", to borrow an analogy from the world of fashion?

There is nothing wrong with a delight in the spectacular. This is how we work. But as far as building is concerned it is important to incorporate the far longer period over which buildings exert their effect. This is what distinguishes architecture from fashion.

How do you deal with the term "context"?

Context is the essential precondition for every kind of architecture. If an architect believes that he or she can ignore it, then, whatever they are making, it is certainly not architecture. We must use our terms and definitions in a more precise way. This also explains why a discourse cannot develop: apparently everyone alters what should be a generally comprehensible basis to best suit themselves. Constantly starting at zero makes any kind of continuity impossible.

Is this a criticism of modernism?

The intellectual basis of modernism with its aim of renewing society was increasingly falsified in the decades that followed into individual invention. Nowadays every

die Kontinuität einer Weiterentwicklung, um zu einer verfeinerten Typisierung zu gelangen. Bei den griechischen Tempeln geschah das zum ersten Mal und ist heute bei allen komplexen Massenprodukten selbstverständlich. Die Automobilbranche hat damit nicht nur technisch riesige Schritte gemacht, sondern auch eine nuancenreiche Ästhetik entwickelt.

Wien wäre doch eine überaus geeignete Stadt für Architekten, sich auf neue Weise des Themas der Anknüpfung an die Historie anzunehmen. Warum passiert das nicht?

Weil alle mit ihren Neuerfindungen beschäftigt sind, hat man das Thema weitgehend der Denkmalpflege überlassen. Die interpretiert nach ihren Regeln grundsätzlich sehr defensiv. Intelligente Baukunst wird damit fertig. Aber es wird noch einige Zeit dauern, bis die architektonische Verbindung von Alt und Neu als großes europäisches Thema aufgegriffen wird und eine Kontinuität der Verfeinerung beginnen kann.

Versteckt sich das Museumsquartier in diesem Sinne bewusst hinter der Fischer von Erlach-Fassade?

Der Ausdruck ‚verstecken‘ ist typisch für die verkrampften Beziehungen zwischen Alt und Neu. Als fortschrittlich gilt, dass das Neue auf alle Fälle in kräftigem Gegensatz dem Alten entgegenzutreten hat. Die Neubauten des Museumsquartiers verstecken sich nicht. Sie nehmen mit ihrer Umgebung eine komplexe Beziehung auf.

Das Museumsquartier ist zu einem sehr belebten urbanen Fixpunkt in der Stadt geworden. Lässt sich diese Akzeptanz überhaupt planen?

architecture student is trained to invent architectural forms that are as individual as possible. The consequence is a self-referential chatter that withdraws from any kind of joint further development. But to arrive at a refined definition of types architecture needs the continuity of further development. That happened for the first time with the Greek temples and nowadays it is taken for granted in all complex mass-produced items. The motorcar industry has not only made enormous technical progress in this way but has also developed a richly nuanced aesthetic.

As a city Vienna offers an extremely suitable model for architects to examine the theme of linking to history in a new way. So why doesn't this happen?

Because they are all preoccupied with new inventions, and therefore the theme has become mostly the preserve of the conservationists. They interpret according to their rules, essentially very defensively. Intelligent architecture can deal with this. But it will take some time until this is viewed as the great European theme and a continuity of refinement can begin.

In this sense does the MuseumsQuartier deliberately hide itself behind the Fischer von Erlach façade?

The expression "hide" is itself typical of the tense relationship between new and old. Progressive is understood as meaning that the new in all cases should form a powerful contrast to the old. The new buildings in the MuseumsQuartier do not hide themselves. They engage in a complex relationship with their surroundings.

Die Architektur bewährt sich offensichtlich. Das läuft so gut, dass sich jetzt mancher fragt, ob das von Architekten geplant sein kann. Eine Atmosphäre von aufgekratzter Lebendigkeit zu erzeugen, bei der man selbst das Gefühl hat, besonders animiert zu sein, zählt zu den besten Eigenschaften, die man der Architektur entlocken kann. Bei unseren Arbeiten sind wir hinter diesen unsichtbaren Eigenschaften her, weil sie das eigentliche Medium ausmachen. Durch Architektur lässt sich diese Grundstimmung von Angeregtheit erzeugen, die es sonst nur in der freien Natur gibt. Das Zusammenspiel aller Elemente ist wichtiger als die hervorragende Einzelform.

Das hört sich ja wie ein direktes Anknüpfen an euer zeitlos gewordenes Buch ,Design ist unsichtbar' an. Seit damals ist ein glattes Vierteljahrhundert vergangen.

Die Suche nach den Bestandteilen des Alltäglichen, des so genannt Normalen, beschäftigt uns seit damals. Das ist der Stoff, aus dem gute Bücher, gute Filme, auch gute Architektur gemacht werden. Es ist der einzig dauerhafte Ansatz. Pragmatisch und geheimnisvoll. Es geht um die Annäherung an unsichtbare Wirkungsweisen, vielleicht Energiefelder. Architektur ist dabei der eigentliche Faktor. Sie kann speichern und fein weitergeben. In guten Fällen wird durch sie dieses Unsichtbare sichtbar.

Du hast auch einmal gesagt, dass du die Qualität von manch alten Gebäuden erst jetzt richtig schätzt. Hast du ein Lieblingsstück?

Castel del Monte. Friedrich II., nach Nietzsche der erste Europäer, hat es 1240 errichten lassen. Es steht in Apulien auf einem Kegelstumpf, der sich über die

The MuseumsQuartier has become an extremely lively fixed urbane venue in the city. Is it possible to actually plan this kind of acceptance at all?

Clearly the architecture is proving its worth. It functions so well that some people ask whether this can have been planned by the architects. To produce an atmosphere of excited liveliness in which you have the feeling of being particularly animated is among the best qualities that can be enticed from architecture. In our work we pursue these invisible qualities because they are what make up the medium. Through architecture this kind of basic mood of excitement can be produced that otherwise is found only in nature. The interplay of all the elements is more important than the excellence of the individual forms.

That sounds like a direct link to your timeless book "Design ist unsichtbar." Since then a quarter of a century has passed.

The search for the elements of the everyday, the so-called normal has occupied us ever since then. This is the material out of which good books, good films – and also good architecture – are made. It is the only lasting approach, both pragmatic and mysterious. The issue is an approach to invisible ways of taking effect, perhaps fields of energy. Here architecture is the real factor. It can store and hand on in a refined way. In good examples it becomes visible through this invisibility.

You once said that it is only now that you truly appreciate the quality of many old buildings. Do you have a favourite?

Landschaft erhebt. Ein steinerner Drehwürfel, der im Drehen an seinen Kanten die nächsten Drehkörper hervorbringt. Unglaublich in seiner Reduziertheit und seiner Komplexität. Zum ersten Mal spürte ich, dass von Bauten feine Energieströme ausgehen können. Dass das eigentlich Architektur ist. Generatoren für Energiefelder, in denen man sich auch selber großartig empfindet.

Und die Wiener Architekturgeschichte: Das ,Looshaus' ist für dich ein wichtiges Gebäude?

Das Looshaus am Michaelerplatz fasziniert. Es ist getarnt, scheint nicht auf, weist zurück und zieht doch alles rundum in seinen Bann. Ein rätselhaftes Haus, das ich eigentlich nie mochte, unangenehm sperrig.
Aber über die Jahre habe ich diese Sperrigkeit zu schätzen gelernt. Sie hält den Bau seltsam frisch. Er hat etwas Normales und Besonderes zugleich. Eine Mischung, die die Jahre offensichtlich spielend durchtaucht. Diese Art herber Zeitlosigkeit interessiert uns immer mehr. Das Museumsquartier hat etwas davon.

Von welcher Qualität ist da die Rede?

Wichtig ist, so knapp wie möglich an der Normalität zu bleiben. Suspense kann sich nur aus der geringfügigen Abweichung davon ergeben. Das Eintauchen in eine Schicht, die nur um Nuancen von der vertrauten Realität verschoben ist. Da gibt es dann wirklich Fremdheit, weil die Bilder scheinbar bekannt sind, aber alle bekannte Bedeutung wegkippt. Hitchcocks Filme haben uns das vorgeführt. Für Architektur gilt das nochmals verschärft. Diese feine Verschobenheit vermeintlich bekannter

Castel del Monte. Friedrich II, who according to Nietzsche was the first European, had it built in 1240. It stands in Apulia on the stump of a cone that rises above the landscape. A stone dice that, when its edges are turned, produces the next revolved element. Its reduction and complexity are unbelievable. For the first time I felt that buildings could emit fine flows of energy, which is actually the architecture. Generators of fields of energy, in which you also experience yourself wonderfully.

And the history of Viennese architecture. Is the Loos House an important building for you?

The Loos House on Michaelerplatz is a fascinating building, it is disguised, unapparent, it is hostile and yet it exerts its fascination on everything around it. A puzzling building that, in fact, I never liked as I found it disagreeably awkward.
But in the course of the years I have learned to appreciate this awkwardness. It has kept the building remarkably fresh. It has something normal and special at the same time. A mixture that obviously easily survives the years. This kind of dry timelessness interests us more and more. The MuseumsQuartier has something of this.

What quality are you talking about here?

It is important to stay as close as possible to normality. The only way suspense can develop is through a slight departure from this, by dipping into a layer that is only a few nuances away from the familiar reality. Then a sense of the foreign really develops because, although the images seem familiar, all the familiar meaning has been tilted away. Hitchcock's films have shown us how this is done. This also applies to

Bilder steuern wir mit unseren Bauten an. Ihre Form scheint alltäglich, aber ihre Magie ist fremd und greift dir von allen Seiten in Kopf und Herz.

Was verbindet nun alle drei Kulturbauten miteinander? Was müssen Kulturbauten können?

Kulturbauten sind Meilensteine der Gesellschaft. Sie sollen langfristig dauerhaft sein. Konzeptuell und physisch. Gebaute Markierungen zur Orientierung. Das heißt, dass sie nicht aktuellen Moden unterworfen sein dürfen. Mit widersprüchlicher Souveränität halten sie stand in der Brandung. Pegel, an denen man feststellt, wie hoch oder niedrig die Gezeiten sind.

Denkst du, diese Kulturbauten müssen symbolisch für eine Gesellschaft stehen?

Die plakative Überhöhung, die Symbole mit sich bringen, kann nicht der geeignete Stoff für Kulturbauten sein. Sie sollen vielmehr einen andauernden Transfer von einer Zeit in die andere erfüllen können. Da sind übertragene Bedeutungen und Verweise ungeeignet. Dauerhaftigkeit ist an eine wesentliche Reduktion gebunden.

Und im Speziellen: Was sind die wesentlichen Punkte bei MQ, Schiffbau und S.L.U.B. – auch ein wenig im kritischen Rückblick. Welche Konzepte sind aufgegangen, welche nicht?

Was alle drei Projekte verbindet, ist ihre Art von Unsichtbarkeit. Der eigene Formwille tritt hinter etwas zurück, das sich aus Anforderungen scheinbar von selbst ergibt. Wesentlich dabei ist aber, diese Anforderungen so aufzuladen, dass sich mit Intensität letztlich von außen eine andere Form selbst bildet. Kein Architekt nimmt sich so etwas bewusst vor. Wir haben das intuitiv angesteuert. Auf unterschiedliche

architecture in a heightened way. In our buildings we aim at this subtle displacement of supposedly familiar images. Their form seems everyday but their magic is foreign and touches you from all sides, in the heart and the mind.

What connects all three culture buildings with each other? What should culture buildings be able to do?

Culture buildings are milestones of society. They should be permanent, both conceptually and physically. They are built markings for orientation. That is, they are not subject to current fashions. With their contradictory sovereignty they are rocks that defy the stormy seas. They offer a level against which one can judge how high or low the tides are.

Do you think that these culture buildings must stand as symbols for society?

The striking exaggeration inherent to symbols cannot provide suitable material for culture buildings. Instead they should be able to provide a constant transfer from one time to another. Here transported meanings and references are unsuitable. Permanence is essentially linked to reduction.

And in detail: what are the essential points in the MQ, Schiffbau and S.L.U.B. – perhaps seen from a critical distance. Which concepts were successful, which not?

What connects all three is their kind of invisibility. The will to create form recedes behind something that seems to develop automatically from the requirements. The essential thing here is to charge these requirements in such a way that a different form

Weise entziehen sich diese Bauten einer Vereinnahmung. Das ist für rasche Kommunikation schlecht, für die Bildung von Mythos günstig. Bauten sind die besten Speicher von Mythen. Das anzulegen interessiert uns.

Architektur und Kunst, wie geht das zusammen?

Architektur muss die Kunst protegieren. Sie wohlwollend aufnehmen und ihr zu einem optimalen Auftritt verhelfen. Das ist es. Und das hat nichts mit asketischen Purismen zu tun.

Hattet ihr als Haus-Rucker-Co nicht beide Seiten einzufordern?

Nein. Die provisorische Architektur, die wir propagierten, trat gegen die bereits vorhandene an. Sie verstand sich als Korrektur eines urbanen Verständnisses, das in seiner Sicht und Denkweise völlig festgefahren war. Die Kunst-Architektur die wir damals machten, hat die gebaute Architektur attackiert, zur Stellungnahme herausgefordert. Diese formale Grundsatz-Konfrontation hat sich mittlerweile so oft wiederholt, dass sie nicht weiter brauchbar ist. Eigentlich waren wir die Letzten, denen man dieses Anliegen gerade noch durchgehen lassen konnte.

Wenn ihr als Haus-Rucker-Co also gegen das Vorhandene aufgetreten seid und jetzt Anknüpfung propagiert – geht das nicht gegen den natürlichen Prozess, immer das Vergangene zu erneuern?

Erneuerung geschieht in jedem Fall. Die Moderne aber hat uns aufgezwängt, dass sich Erneuerung im gegensätzlichen Überwinden, im autonomen Erfinden

develops with an intensity that comes from outside. No architect deliberately undertakes this kind of thing. We intuitively aimed at it. In different ways these buildings avoid being appropriated. This is bad for speedy communication, but suitable for the formation of myth. Buildings are the best repositories of myths. Applying this is what interests us.

How do architecture and art go together?

Architecture must protect art, incorporating it in a benevolent manner and helping it to present itself in the best possible way. This is it, and this has nothing to do with ascetic purism.

As Haus-Rucker-Co did you not have to call upon both sides?

No. The provisional architecture that we proposed engaged what already existed. It was intended as a correction of an urban situation that was entirely rigid in its viewpoint and way of thinking. The art/architecture which we made at the time attacked built architecture, challenging it to state its position. By now this kind of formal confrontation of principles has been repeated so often that it is no longer usable. Actually we were the last who could be allowed to get away with this.

As Haus-Rucker-Co you took a stance against the existing and now you propagate linking it to it – is that not at variance with the natural process of always renewing the past?

Renewal will happen in any case. But modernism has forced upon us a situation in which renewal is manifested in overcoming opposition, in autonomous invention.

manifestiert. Als Haus-Rucker-Co haben wir diesen Prozess am produktivsten von allen damaligen Protagonisten durchgespielt. Über 20 Jahre Experimente, vor und zurück, wieder von vorne und nochmals und nochmals. Wir haben die Möglichkeiten des ständigen Neubeginns im Labor hinlänglich erforscht. Er bringt uns nicht weiter. Die Themen der Anknüpfung, der Kontinuität sind also keine Rückgriffe, sondern aktueller Stand einer langen Versuchsreihe.

Von der Kunst-Architektur zur Architektur der Investoren. Geht da nicht die Glaubwürdigkeit verloren?

Wird etwas gebaut, so braucht man jemanden, der dafür Geld auszugeben bereit ist. Im Idealfall sind Bauherr und Geldgeber in einer Person vereint. Dem Staat als Auftraggeber hat man, allen negativen Erfahrungen zum Trotz, immer noch höhere Ziele zugebilligt. Je mehr sich aber nun der Staat aus dieser Rolle zurückzieht und private Geldgeber an seine Stelle treten, desto größer wird das Gekreische, dass nun immer mehr private Spekulationen das Bild der Stadt prägen würden. Investorenarchitektur als Schlagwort und Argument gegen mangelnde Qualität. Wenn sich die Europäische Zentralbank nun zwei gezwirbelte Scheiben leistet und meint ein Wahrzeichen zu errichten, so unternimmt sie etwas größer nur das, was jeder Investor auch täte: für sich das Beste herauszuschlagen. Von der Architektur hier abstrakte ästhetische Qualitäten zu fordern, wäre doch weltfremd, passiert bei weniger wichtigen Projekten aber laufend.

As Haus-Rucker-Co we worked through this process and were the most productive of all the protagonists. Over 20 years of experiments back and forth, back to the beginning, time and time again. We have exhaustively explored the possibilities of repeatedly beginning anew in the laboratory. It does not help us to move forward. Therefore the themes of linking, continuity are not recourses to something in the past, but the current status of a long series of experiments.

From art architecture to investors architecture. Does credibility not get lost somewhere along the way?

If something is to get built then someone is needed who is prepared to spend money on it. In the ideal case client and investor are one and the same person. Despite all the negative experiences, the state as client has always been allowed higher goals. The more the state withdraws from this role, and the more private investors begin to take its place, the more insistent the cries become that the only force shaping the image of the city is private speculation. Investor architecture is used as a slogan and argument against lack of quality. When the European Central Bank pays for two twirling slabs and thinks it is building a symbol it is only undertaking at a somewhat larger scale what everyone would do: i.e. getting the best out of the situation for itself. To demand abstract aesthetic qualities from the architecture here would be unrealistic, but happens all the time in less important projects.

*Das sind aber doch demokratische Prozesse. Man macht sich Sorge um die Art der Veränder-
ung von Stadt und hat nun die Kanäle, das zu äußern.*

An diesen Prozessen ist nichts auszusetzen. Selbst wenn sie gegen eigene Konzep-
tionen wie zum Beispiel beim MQ gerichtet sind. Fatal in unserer Zeit sind dabei allerdings zwei Aspekte: Einmal das Verständnis von Moderne, das sich Manager und
Politiker angelernt haben. Und zum anderen das Fehlen von konkreten Plattformen,
auf denen Auseinandersetzungen stattfinden können, die dann endlich zu allgemein
gültigen Ergebnissen führen. Für die Baukunst den Status der freien Künste zu rekla-
mieren, ist lächerlich. Über Baukunst wird abgestimmt, sie muss konsensfähig sein,
hat den Druck des Boulevards zu absorbieren. Daran dürfen intelligente Lösungen
nicht scheitern. Genauso wie Statik, Haustechnik oder Baugesetze sind diese Bedingungen mit aufzunehmen in eine haltbare architektonische Konzeption.

*Das ist doch mit einer Unzahl von Anpassungen und Veränderungen verbunden. Wo bleibt
dann der eigentliche Entwurf, der große Plan?*

Jeder gute Plan muss genügend Freiheiten beinhalten, die es ermöglichen, auf diese
alltägliche Veränderungsdynamik reagieren zu können, ohne die Grundzüge der Konzeption zu verlassen. Das ist Architektur. Vom ersten falschen Strich bis zum letzten
schlecht eingeschlagenen Nagel. Eine Kette von Unzulänglichkeiten, von
Missverständnissen, die alle aufgehen müssen in einem Werk von brillanter Qualität.
Gute Architektur entsteht unter diesem Druck sich ständig ändernder Anforderungen.
Sie ist daran zu messen, wie gut sie in der Lage war, daraus Energie zu ziehen.

*But these are democratic processes. People are worried about the kind of changes in the city and
now have the channels to express it.*

There can be no objections to these processes. Even where they are directed against
one's own concepts, as was the case with the MQ. But in our times there are two fatal
aspects to this. Firstly an understanding of modernism that managers and politics
have learned. And on the other hand the lack of concrete platforms where confrontations can take place that ultimately lead to valid results. To demand that architecture
be given the same status as the free arts is ridiculous. Architecture is voted about, it
must be capable of consensus, has to absorb the pressure of the boulevard press. Intelligent solutions should not stumble at this hurdle. Just like structural design, building
services or building regulations: these are all factors that must be integrated in a durable architectural concept.

*But this is linked to innumerable adaptations and changes. Where does the design itself, the
great plan, remain in all of this?*

Every good plan must contain enough freedom to allow the reaction to the everyday
dynamics of change without departing from the basic character of the concept. This
is architecture. From the first wrong line to the last poorly hammered in nail. A chain
of shortcomings, of misunderstandings, all of which must be absorbed in a work of
brilliant quality. Good architecture develops under the pressure of constantly changing
demands. It should be measured by how successful it was in deriving energy from this.

Die Einhaltung von gedeckelten Kosten ist doch immer mehr ein Hauptkriterium für die
Qualität von Architektur. Nicht zuletzt für die kreative und technische Vertrauenswürdigkeit
von Architekten.

Der Preis, den eine Sache kostet, ist in unserer Gesellschaft zum wichtigsten
Maßstab für Leistung geworden. So ist es. Für Architektur heißt das, unter diesem
finanziellen Deckel eine clevere Form von Tauschhandel abzuwickeln. Ursprünglich
teurere Materialien gegen die aufwändigere Einhaltung der ursprünglichen Konzeption und so weiter, und so weiter. All die theoretischen Parolen von Konsequenz,
Kompromisslosigkeit, Werktreue sind in ihrer moralisierenden Steifheit lächerlich
und längst unbrauchbar. Aber gerade sie werden als heroische Formel leicht angenommen und eifrig verfolgt. Wir sind dabei, uns in neue Prozesse einzugewöhnen.
Was uns dabei immer wieder hinderlich ist, sind diese Fetzen einer Moderne und
ihre ideologischen Nachwehen. Könnten wir uns mit Kontinuität daranmachen,
all das, was wir in den letzten 100 Jahren probiert haben, endlich in konsequentere
Versuchsketten zu lenken, wir wären schon sehr weit.

Aus internationaler Sicht scheint deutsche Architektur recht unattraktiv zu sein. Hat das nicht
auch auf eure Bauten abgefärbt?

Man ist in Deutschland offensichtlich resistenter gegen den Spektakelbazillus als
anderswo. Deutsche Architektur wird deswegen haushoch unterschätzt. So wie in
anderen Produktionsbereichen gibt es eine solide Gediegenheit, die ohne formale

Keeping within the budget is increasingly becoming a major criterion in assessing the quality of
architecture, and, not insignificantly, in judging the creative and technical reliability of architects.

In our society the cost of something has become the most important measure of
an achievement. That's the way it is. For architecture this means developing a clever
form of barter under this financial ceiling. The expensive materials originally envis-
aged are traded off against preserving the original concept and so on and so forth.
All the theoretical shibboleths of consistency, refusal to compromise and fidelity to
the work have a moralistic rigidity that is ridiculous and has been unusable for some
time now. But it is precisely such qualities that are so lightly accepted as a heroic
formula and assiduously followed. We are in the course of adjusting ourselves to new
processes. What always hinders us are these remnants of modernism and their ideo-
logical aftermath. If only we could continuously attempt to direct everything that
has been tried in the last 100 years into a more consistent series of experiments, this
would represent real progress.

From an international viewpoint German architecture seems most unattractive. Has this had
an effect on your buildings?

Apparently people in Germany are more resistant to the spectacle vir us and therefore German architecture is enormously underestimated. Like in other production
areas there is a solid respectability that manages without formal attitudes. But the
difference is that all other German products are appreciated for this very reason,

Attitüden auskommt. Nur mit dem Unterschied, dass man alle anderen deutschen Produkte gerade deswegen schätzt, die deutsche Architektur aber nicht. Noch nicht. Diese Ergebenheit in die intelligente Lösung technischer Probleme, das Streben nach Sachlichkeit ohne aufgepfropften Überbau, dieser Wille zur Solidität, verbindet alle deutschen Bauten, wie unterschiedlich sie formal sein mögen. Und hier zeichnet sich etwas von jener Kontinuität ab, die für Architektur wichtig ist: Standards beginnen sich einzudicken zu einer kompakten Konsistenz, die sich kontinuierlich verfeinern lässt. Da sind wir gerne dabei.

Was ist schlecht am Spektakulären? Selbst kritische Stimmen anerkennen den positiven Effekt für die Architektur, dass einfach im Ganzen mehr möglich wird.

Schlecht daran ist die kurzfristige Wirkung. Für eine Zirkusnummer sensationell, für Architektur unangemessen. Bauten sind die größten sichtbaren Maßnahmen unserer Kultur. Sie erfordern lange Zeit von der Entwicklung bis zur Realisation. Wir können daher auch verlangen, dass diese Dinge nicht schon übermorgen ideell überholt und materiell in Auflösung sind. Aus solchen Attitüden werden in der Regel völlig uninteressante Bauten. Zur Umsetzung muss aufwändige Technik herhalten, technische Neuerungen aber gibt es keine. Stellt man einen Bau wie das 2000 Jahre alte Pantheon dagegen, dann wird klar, wie sehr sich unter modernistischem Vorzeichen die Kriterien der Architektur verzerrt haben.

———

while German architecture is not. That is to say, not yet. This devotion to the intelligent solution of technical problems, the striving for objectivity and rationality not covered over by a shell of some arbitrary kind, the will to achieve solidity is what connects all German buildings, however different they may be formally. And here there are signs of the continuity that is important for architecture. Standards are beginning to coalesce to a compact consistency that can be continually refined. We are happy to be part of this.

What is so bad about the spectacular? Even critics recognise the positive effect on architecture: quite simply as a whole more is now possible.

What is bad about it is the short-term effect. For a circus act this is sensational, but it is inappropriate for architecture. Buildings are the largest visible measures undertaken by our culture. They require a long period of time from their development to realisation. Therefore we can also justifiably demand that these things should not be already conceptually outdated and beginning to decay by the day after tomorrow. Attitudes such as this generally produce completely uninteresting buildings. Complex technology has to be used to create them, but there are no technological innovations. If we compare a building such as the 2000-year old Pantheon with this then it becomes clear how far the criteria of architecture have been distorted by modernist omens.

———

THEATER
THEATER

Spielort, Werkraum, Raffinerie

Venue, Workplace, Refinery

Vornehme Häuser – Zu allen Zeiten war das Vornehme eigenwillig anachronistisch. Es entzog sich immer *durch Zurückhaltung und Feinheit der Denkart*[1] dem Spektakel und der Gier nach Neuem. Solche Vornehmheit steht vor allem den Bauten der Kultur zu. Sie haben das Getümmel der Strömungen selbstverständlich stets zu überragen.

Houses of distinction – In all eras, nobility has been obstinately anachronistic. It has always withdrawn from spectacle and the lust for new things through reserve and refinement of thought. Cultural buildings, in particular, are entitled to such noblesse. As a matter of course, they must always tower above the turmoil of trends.

1 Duden, *Das große Wörterbuch der Deutschen Sprache*, 1995

Mutwillige Spektakel — Für Automobilkonzerne gehört es zum Marketingstandard, ein Event-Center zu errichten, um die Kunden *live* an die Marke zu binden. Irgendwo in industriellen Randlagen angesiedelt haben diese architektonischen Gebilde erst optisch für Auffälligkeit zu sorgen. Vom Spektakel der Gestaltung ist der Passant rasch satt und so fällt diesen Centers die unlösbare Aufgabe zu, mit bescheidenen Inhalten zwischen Show und Ausstellung pendelnd, im urbanen Niemandsland pralles Stadtleben produzieren zu müssen.

Willful spectacle — For automobile concerns, building an event center is a standard marketing tool for "live" bonding of customers with the brand. Located somewhere in the industrial outskirts, the prime task of these architectural objects is to create a striking visual presence. But the spectacle of design is soon passé for those passing by. Such centers are thereby left with the impossible task of having to produce blazing city life out in urban nowhere land, with modest contents, fluctuating between show and exhibition.

Feste feiern – Europäische Demokratien tun sich mit der inszenierten Selbstdarstellung schwer. Gründe mögen darin liegen, dass es in der jüngeren Geschichte wenig Rühmliches gab und der Staat versucht, sich zugunsten einer offenen Gesellschaft von selbstbestimmenden Personen zurückzunehmen. Verloren ging dabei der Wunsch und die Fähigkeit, gemeinsam große Feste zu feiern, welche anders als die Flut der übrigen Veranstaltungen eine Zusammengehörigkeit zum Inhalt haben. Für das gemeinsame Europa wäre die wiedergewonnene Qualität, solche Feste grandios zu inszenieren und beherzt zu feiern, der Beginn eines neuen Verständnisses von Kultur.

Festivals – European democracies have a hard time creating an appropriate stage for presenting themselves. The reason for this could well be the lack of praiseworthy moments in recent history, which led the State to try to step back in favor of an open society of self-reliant people. Lost by that move was the desire and ability to share in the celebration of major festivities, which—in contrast to the flood of other events—are about a shared bond. For a common Europe, regaining the ability to stage and courageously celebrate such festivals in a grand way would signify the start of a new cultural understanding.

Urbane Bühne — In Rom führen circa 150 Stufen von der Piazza di Spagna zur Kirche Santa Trinità dei Monti: die Spanische Treppe. Unter den berühmten Baudenkmälern der Stadt dasjenige, das unmittelbar Stadtleben zum Blühen bringt. Die Kaskaden der Stufenläufe ziehen die Passanten magnetisch an und verhelfen zum großen Auftritt. Von oben kommend, schweben die Personen in wechselnden Bogenbewegungen hinunter zum Platz. Wer sich auf den Stufen niederlässt, dem wird ein quirliges Schauspiel geboten: Stadt in anmutigster Grandezza.

Urban stage — In Rome there are approximately 150 steps leading from the Piazza di Spagna to the Santa Trinità dei Monti church: the Spanish Stairs. Among the city's famous commemorative buildings is that which brings the immediate city to life. The cascade of the run of stairs has a magnetic attraction for passersby and also aids in a great performance. The people coming from above float in alternating waves as they descend to the square. Those who stop on the steps for a moment's repose are offered a lively show: the city in its most charming grandezza.

P r o v i s o r i e n — Provisorische Architektur als temporäre Intervention ist befreit von den Bedingungen der Nachhaltigkeit. Sie darf ins Auge stechen, kann tun, als ob. Alles, was sich zur überfallsartigen Irritation des Betrachters eignet, ist hier wesentlich. In der Wahrnehmung verbrennt solche Überformung mit faszinierender Erhellung.[2]

P r o v i s i o n a l   s t r u c t u r e s — Provisional architecture, a temporary intervention, is free of the conditions that apply to sustainability. It can mount a visual assault; can act "as if." Everything suitable for a sudden attack, vexing the viewer, is important here. This kind of overformation burns into perception with a fascinating illumination.[2]

2 Ortner & Ortner, *Wörterbuch der Baukunst / Primer of Architecture*, S. 16/p. 101

Das Atelier Prinzip — Ateliers sind persönliche Proberäume: das Probieren als Umkreisen der eigenen Identität. Für Künstler, eine Werkstatt mit Schlafplatz; für andere, der Versuch, zu wohnen ohne sich einzurichten. Die Räume dafür nach immer gleichen Anforderungen: so groß wie möglich, hoch, einfach, mit viel Fensterfläche. Robuste Reduziertheit soll Spielraum bieten für alle Unordentlichkeit, die da einziehen wird. Das war von Künstlerateliers zu lernen: Offenheit, Großzügigkeit, Uneingerichtetsein. Glamouröse Einfachheit ergibt sich fast von selbst; sie kommt mit der uneitlen Direktheit, mit welcher handelnde Personen den Raum fordern, den sie brauchen.

The studio principle — Studios are personal practice rooms: trying things out as a way of circling around one's own identity. For artists, they're workshops with a place to sleep; for others, the attempt to reside without setting up home. Spaces for this always have the same requirements: as large as possible, high ceilings, simple, ample window area. Robust minimalism should offer enough leeway for all disorder that may arise. This we can take from artists' studios: openness, spaciousness, and an unfurnished state. Glamorous simplicity emerges as though of its own accord. That goes along with the unpretentious directness with which the actors here demand the space they need.

Doppelnutzung — Theaterbauten, vom Liedersaal bis zum Stadion, sind für die Öffentlichkeit in der Regel nur am Abend nutzbar. Viel attraktiver Raum, der in bester Lage zu besten Geschäftszeiten brach liegt. Das kulturelle Angebot mit angemessener kommerzieller Nutzung vereint, schafft vitale Zentren, die bestenfalls niemals schlafen.

Double use — Theater buildings, from music halls to stadiums, are generally used by the public only in the evening. That's a lot of attractive space in the best locations lying fallow during the best business hours. Cultural programs combined with appropriate commercial uses create vital centers, which ideally never sleep.

Goldener Klang — Der große Musikvereinssaal, 1870 in Wien fertigge-stellt, ist akustisch vermutlich der beste Konzertsaal der Welt. Feinste Töne lassen sich mit unverminderter Qualität im entferntesten Eck hören. Wichtiger aber: der Saal lässt die Musik schwingen.

Die hervorragenden Klangeigenschaften hängen im Wesentlichen von drei Komponenten ab: der gestreckten Quaderproportion des Raumes, den raumgliedernden Elementen mit ihrer reichen Reliefornamentik und den besonderen Holzkonstruktionen von Fußboden und Decke, welche einer Geige ähnlich resonierende Flächen bilden. Neben aller architektonischen Meisterschaft von Theophil Hansen war der ,Goldene Klang' aber auch Glücksache. Wie diese optimale Streuung der Schallwellen tatsächlich zustande kommt, lässt sich wissenschaftlich nicht erklären. Die Regeln der Akustik aber geben Proportionen für Rechtecksräume vor, die dem Formwillen klare Grenzen setzen. Was für das Hören bereits gilt, ist für die optische Erträglichkeit architektonischer Gestaltung noch zu erforschen. Formale Willkür versteht sich derzeit noch als zeitgemäße Erneuerung.

Golden sound — The large hall of the Musikverein in Vienna, completed in 1870, presumably has the best acoustics of any concert hall in the world. The finest notes can be heard in undiminished quality in even the most remote corners. But what is more important: the hall lets the music resonate.

The outstanding sound qualities can be attributed to three main components: the space's extended rectangular proportions, the space-structuring elements with their prolific relief ornamentation, and the special wood constructions of the floor and ceiling, which form resonating surfaces similar to a violin. But aside from Theophil Hansen's great architectural mastery, the "Golden Sound" was also a stroke of luck. There is no scientific explanation for how this optimal scattering of sound waves comes about. The laws of acoustics do, however, provide rules for rectangular spaces that set clear limits on form. That which already applies in the area of acoustics has yet to be explored in terms of architectural design's visual tolerability. Formal arbitrariness still sells itself nowadays as contemporary innovation.

Erspielter Stadtraum — Wegen ihrer intensiven Beziehung zu einem immer wiederkehrenden Publikum sind theatrale Einrichtungen hervorragende städtebaulichen Generatoren: In Verbindung mit einem Angebot an Dienstleistungen können sie über ihren unmittelbaren Wirkungsbereich hinaus die Erneuerung ganzer Stadtteile bewirken. Theater in seiner erweiterten Form erspielt neue Stadträume.

Captivating urban space — Theater establishments, because of their intense relationships to regularly returning audiences, make outstanding generators for urban planning: in conjunction with an offer of services, they can go beyond their immediate area of influence and provoke the revival of entire areas of the city. In its expanded form, theater captures new urban spaces.

Theater in der Stadt — Theatrale Darstellungen sind über die Spielorte der darstellenden Kunst hinausgewachsen und mit neuen Medientechniken in alle Ebenen des öffentlichen Lebens eingezogen. Ein Massenpublikum ist mobilisiert, das wählen kann, ob es die unterschiedlichen Veranstaltungen durch Übertragung oder live vor Ort miterleben will. Theater als Prinzip ist zum allumfassenden Kommunikationselement geworden. Für das Stadtleben aber sind die Spielorte nur befristet lebendig: Die Stadien, Stadthallen, Theater entfalten ihren Glanz allenfalls für drei Stunden am Abend.

Theater in the city — Theater performances have expanded beyond performing arts venues. With new media technologies, they have moved into all areas of public life. This mobilizes a mass audience that can choose to experience the diverse events via broadcast or live, on site. Theater, as a principle, has become an overarching element of communication. The venues, however, come alive for the city for a limited time only: stadiums, civic centers, and theaters reveal their glory for three hours in the evening, at most.

Marienhof
München / Munich, 1985
(*Haus-Rucker-Co*)

Um das Areal des Marienhofs für kulturelle Freiluftveranstaltungen konsequent nutzen zu können, schlugen wir ein ein ‚offenes Theater' vor. Ein ca. 20 m breiter Treppenkeil neigt sich 6 m tief zu einer Platzfläche, die von einem 4-geschossigen Bühnenbau abgeschlossen wird. In Richtung der Sitztribüne zeigt sich der Bau als offene Stellage mit drei bespielbaren Hochflächen. Die abgewandte Seite des Bühnenbaus ist sanft gebaucht, mit kleinen fensterartigen Öffnungen. Eine mit der Wandwölbung mitlaufende Treppe ermöglicht die szenarische Nutzung der hohen Bühnenflächen.

In order to use the area around the Marienhof on a steady basis for cultural open-air events, we suggested an "open theater": a block of stairs declines six meters down to a square, which is enclosed by a four-story stage structure. Facing the spectator seats, the structure appears as a set of open shelves with three plateaus that can be used as stages. The outer side of the stage structure curves gently and has small window-like openings. A stairway that runs along the curve of the wall makes it possible to include the high stage areas in the show.

Die offene Seite des Baus bietet auf vier Etagen unterschiedliche Möglichkeiten der Inszenierung.

The open side of the structure offers various staging possibilities on four levels.

Die gebauchte, nahezu geschlossene Fassade mit der langgezogenen Freitreppe trennt paraventartig den Platz in zwei Funktionsbereiche.

The rounded, almost closed façade with the elongated outside staircase separates the square, like a folding screen, into two functional areas

Pfalztheater
Kaiserslautern, 1987
(*Haus-Rucker-Co*)

Für das Projekt charakteristisch ist die Schaffung eines Sockelbauwerkes: Es terrassiert die Neigung des gesamten Grundstücks und bildet mit seinen Gebäudekanten einen großzügigen Schirm zu den angrenzenden, stark befahrenen Straßen. Auf diesem Sockel aus Technikräumen steht das Theater, gegliedert in unterschiedlich ausgeprägte Baukörper, welche die historisch wertvolle Villa Munzinger funktionell und maßstäblich miteinbinden.

Characteristic for this project is the creation of a platform building: it terraces the slope of the entire property, and with the building's edges, forms a massive shield from the adjacent, heavily traveled street. The theater, on top of the platform housing the technical rooms, is divided into differently shaped building masses, which integrate the historically significant Villa Munzinger in terms of function and scale.

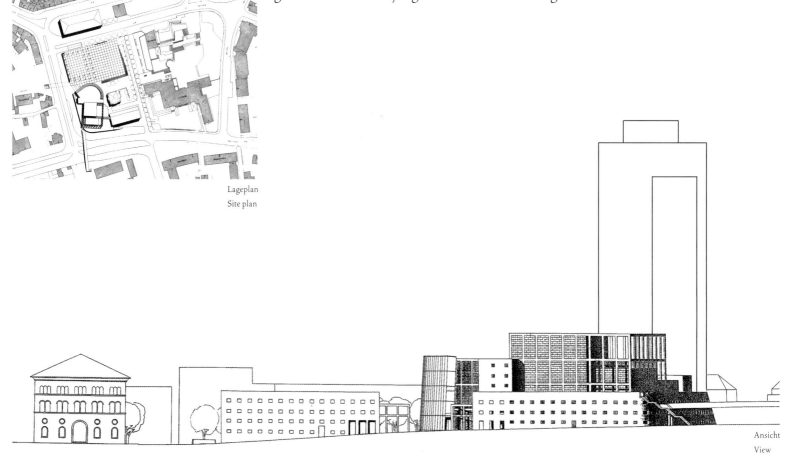

Lageplan
Site plan

Ansicht
View

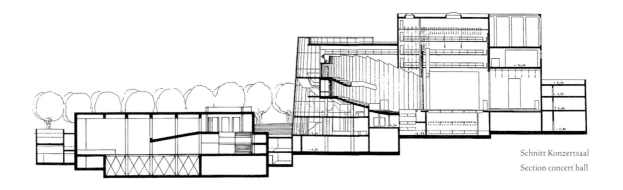

Schnitt Konzertsaal
Section concert hall

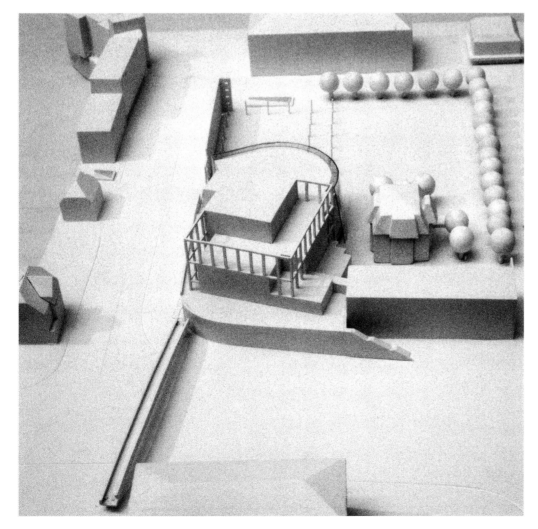

Die Überhöhung des kompakten Sockels durch die freigestellte Rahmenstruktur fasst die unterschiedlichen Bauteile zu einer Großform zusammen, die eindrücklich auf die Stadt wirkt.

The camber of the compact base through the released frame structure brings the various parts of the structure together into one large form, which makes a meaningful impression on the city.

Musicon Bremen
Bremen, 1995

Ein großes Konzerthaus mit einem Saal für 2'500 Personen soll das kulturelle Angebot der Stadt überregional bedeutend machen. Der Standort auf der Rückseite des Bahnhofs bringt gleichzeitig eine wesentliche Aufwertung dieses Areals mit sich, vor allem in Verbindung mit der dort befindlichen monumentalen Stadthalle und den Messehallen.

Der kubische Bau bildet in diesem Ensemble einen übergeordneten Schwerpunkt. In seiner inneren Organisation bildet der Zuschauersaal den kompakten Kern, der rundum von Treppen und Foyerebenen umgeben ist.

The large concert house with a hall for 2,500 people is meant to elevate the city's cultural program to one of national significance. The location behind the railway station also brings with it a considerable upscaling of this area, especially in connection with the monumental civic center and exhibition halls situated there.

The cubic building forms a focus that provides order to this ensemble. In the inner organization, the audience hall creates a compact core that is surrounded on all sides by stairs and lobbies at different levels.

Modellschnitt durch den Innenraum

Sectional model through the interior space

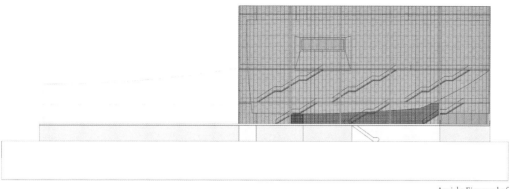

Ansicht Eingangshof
View of entry

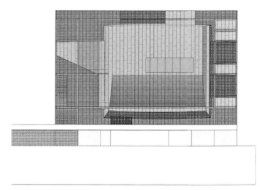

Ansicht von der Bürgerweide
View from Bürgerweide

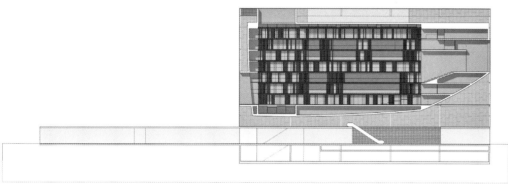

Längsschnitt Saal
Longitudinal section, hall

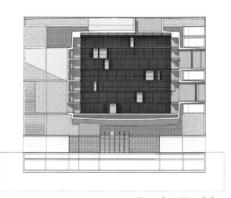

Querschnitt Hauptbühne
Cross section, main stage

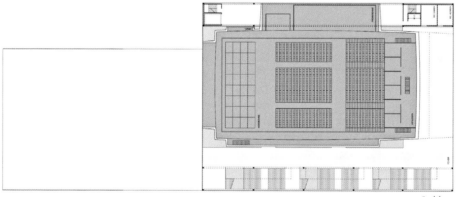

Saalebene
Hall level

Als Box in der Box werden dem Konzertsaal mit
seinen komplexen akustischen Anforderungen
die repräsentativen Funktionen allseitig angefügt
und mit einer transluzenten Hülle umgeben.

As a box in a box, the representative functions are
attached on all sides to the concert hall with its
complex acoustic requirements and surrounded
with a translucent skin.

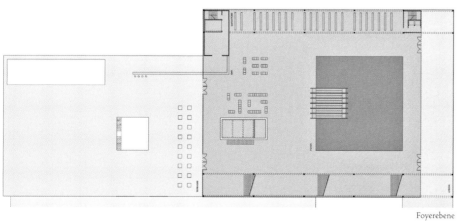

Foyerebene
Foyer level

51

ARD Hauptstadtstudios Berlin (Studio in the capital), 1995–1999

Als eine der führenden Medienanstalten des Landes bezieht das ARD-Hauptstadt-studio seine Position in zentraler Lage an der Spree, dem Reichstag sozusagen vis-à-vis. Stabilisierend im Stadtgefüge ergänzt der Bau den historischen Baublock ohne vordergründige Medialität im äußeren Erscheinungsbild. Lediglich das ‚große Fenster' über dem Eingang in der Wilhelmstraße verweist auf die Funktion. Im Inneren sind Studios, Redaktionsräume und Büros um die zentrale ‚Redaktions-halle' organisiert. Mit einer großen Freitreppe, Verbindungsbrücken und Galerien erschlossen, bietet diese Halle Platz für Inszenierungen aller Art.

As one of the country's leading media facilities, the ARD-Berlin studio in the capital holds a central position directly on the Spree, vis-à-vis the Reichstag, as it were. The modern building complements the historical block without the flashy show of a media building. Only the "large window" above the entrance on Wilhelmstrasse refers to its function. Inside, studios, editorial rooms, and offices are organized around the central "editorial hall." Accessible by a massive flight of stairs, connecting bridges, and galleries, this hall offers a suitable venue for staging a variety of productions.

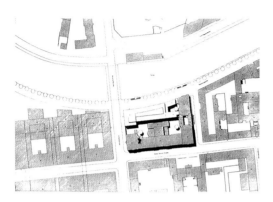

Blick in den zentralen glas-gedeckten Luftraum, in dem sich die vertikale Erschließung befindet

View into the central, glass-covered air space in which the vertical coverage is located

52

Die zum Reichstag gewandte
Stirnseite mit großem Foyer-
Fenster

The front, turned toward the
Reichstag, with a large foyer
window

Kulturzentrum /
Cultural Center
Aachen, 2005
Wettbewerb / competition

In unmittelbarer Nähe zum Rathaus mit Blick auf den Dom liegt das neue Kultur-zentrum, wie ein Nest in die vorhandene Bebauung eingebettet. Ein weiches Netz aus Stahl und Glas umhüllt drei Ovalkörper. Im Inneren funktionieren die Ova-le wie freistehende Stellagen, deren Flächen unterschiedlich genutzt werden. Die großzügige Un-Ordnung unterschiedlicher Raumteile erweckt den Eindruck eines Ateliers. Menschen, die sich hier bewegen, sind wie selbstverständlich in das Ange-bot übergreifender Veranstaltungen eingebunden.

The new cultural center is embedded like a nest within the existing development, in the direct vicinity of the city hall, with a view of the dome. A soft net of steel and glass envelops three oval bodies. Inside, the ovals function as freestanding shelves whose surfaces can be used for different purposes. The great (dis)order of the space's various parts rouses the impression of an artist's studio. Ambulating visitors seem naturally integrated into the general program of events.

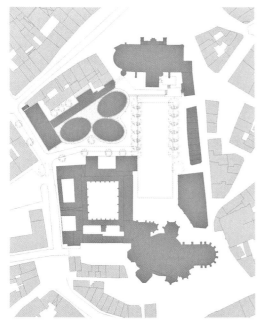

Die Ovalkörper schmiegen sich an Vorhandenes und erzeugen eine eigene Dichte.

The oval structures nestle among the existing ones and generate a unique density.

UG
Basement

1. OG
First floor

2. OG
Second floor

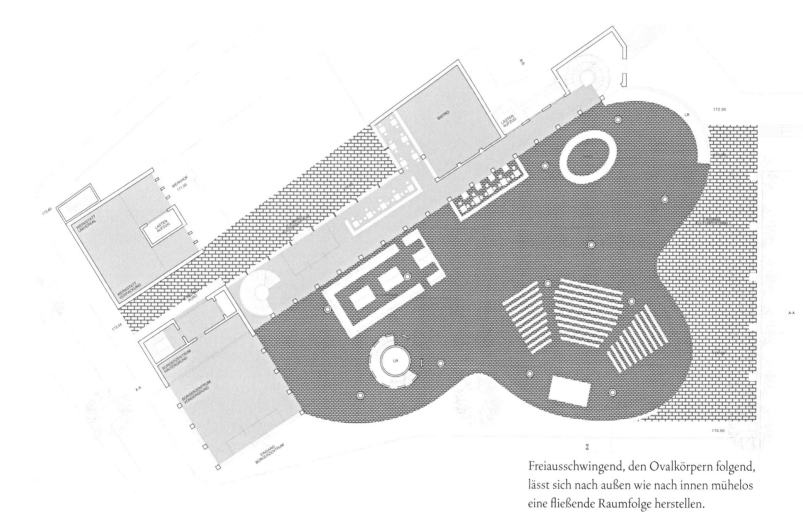

Freiausschwingend, den Ovalkörpern folgend,
lässt sich nach außen wie nach innen mühelos
eine fließende Raumfolge herstellen.

Curving outward, following the oval bodies,
a flowing succession of spaces can be created
effortlessly, outwardly or inwardly.

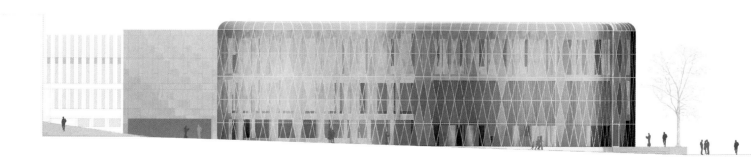

Kulturforum Westfalen/ Westphalia Cultural Forum Münster, 2004

Wettbewerb / competition
(Mit / with Rheinflügel Baukunst)

Neben aller inhaltlichen Verpflichtung ist es städtebauliche Aufgabe des Kulturforums, eine Stadtkante zwischen der Münsteraner Altstadt und dem Grünraum des Hindenburgplatzes herzustellen. Die Musikhalle dominiert dabei als prägnante Erscheinung während das Museum als langgestreckte Gliederkette die eigentliche Abgrenzung herstellt. Eine festliche Robe aus perlmuttfarbigen Stahlpailletten umhüllt die verschiedenen Raumeinheiten der Musikhalle. Im Inneren lassen sich so zwischen den Konzertsälen und den Serviceeinrichtungen luft-und lichtdurchflutete ‚Zwischenräume‘ der Kommunikation herstellen.

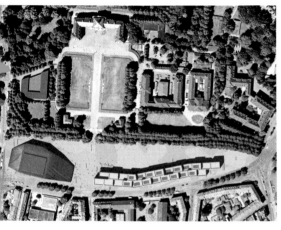

Die Musikhalle und das langgestreckte Museum ziehen die nötige städtebauliche Grenze.

The music hall and the elongated museum form the necessary urban planning borders.

Along with all of the requirements in terms of content, the cultural forum also has the urban planning task of creating a city border between Münster's historical old town and the green space of Hindenburg square. The music hall dominates in this as a striking figure, whereas the museum, an elongated coil chain, presents the actual boundary. A festive robe of mother-of-pearl-colored steel sequins envelops the music hall's various room sections. This makes it possible to create spaces inside, between the concert halls and service facilities, in which air and light can flow through.

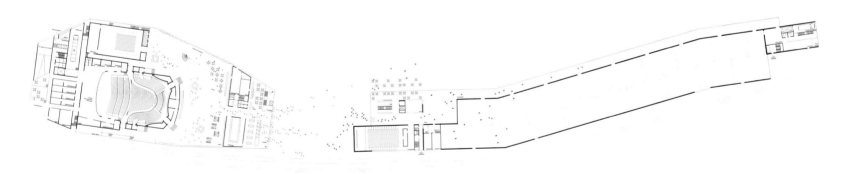

Die ‚Grand Dame' mit ihrer schillernd fließenden Robe und die weißen steinernen Blöcke des Museums als glamouröses Paar

The "Grand Dame" with her dazzling, flowing robe and the white stone blocks of the museum form a glamorous pair

Stadtcasino Basel
Basel, 2004
Wettbewerb / competition

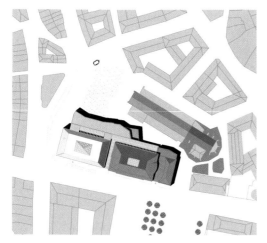

Barfüsserplatz mit altem
Stadtcasino und Neubau

Barfüsserplatz with the old
Stadtcasino and the new
building

Über ein 3-geschossiges Fenster zum Barfüsserplatz hin zeigen sich die verschiedenen Schichten des Hauses. Zugleich lässt sich die Terrassenebene über dem Eingang tatsächlich als Bühne bespielen, die sowohl zum Platz nach außen als auch zum Foyer nach innen orientiert werden kann. Eine gläserne Sockelzone schafft optische Durchlässigkeit vom Barfüsserplatz zum Steinenberg. Das Haus soll 'schwebend' seine Zugänglichkeit für alle demonstrieren. Das neue Casino ist eine Bühne für die Stadt. Mit seinen verschiedenartigen Bauteilen aber auch architektonisches Patchwork, das die umgebende Bebauung großzügig zu integrieren vermag.

The different layers of the house reveal themselves through a three-story window facing the square, Barfüsserplatz. The terrace level above the entry can be used as a stage, which can be oriented toward the outside square or toward the inside lobby. A glass base zone creates visual transparency from Barfüsserplatz to Steinenberg street: the building's floating design is meant to demonstrate accessibility for all. The new casino is a stage for the city: with its diverse building parts and also its architectural patchwork capable of magnanimously integrating the surrounding buildings.

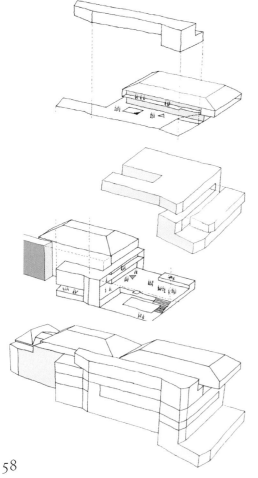

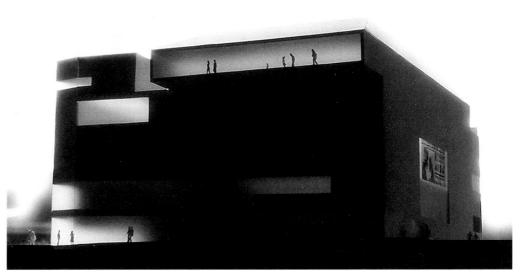

Patchwork der Gebäudeteile
Patchwork of building parts

Blick vom Barfüsserplatz auf den Haupteingang mit großem Bühnenfenster. Das Foyer des neuen Konzertsaals kragt in den Straßenraum.

View from Barfüsserplatz to the main entrance with the large stage window. The foyer of the new concert hall abuts the street space.

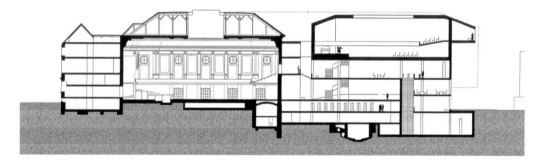

Ronacher Theater
Wien / Vienna, 2005
Wettbewerb / competition

Der für die Stadt sichtbare Teil des neuen Ronachers wird der Dachaufbau sein. Hier wird funktionell konzentriert, was an neuen Einbauten dazukommt. Als klar konturierte neue Großform stülpt sich das Innenleben über den historischen Block nach oben, wird zum identifizierbaren Symbol für das Theater. An Veranstaltungsabenden wird dieses Glas-Kristall als Ganzes von innen schimmern. Die historische Fassade soll zur Gänze im Dunkeln bleiben. Nur die Eingangszone ist beleuchtet. Der Bau glüht durch seinen Inhalt.

The part of the new Ronacher visible to the city will be the rooftop extension. The new insertions are concentrated here in terms of function. The inner life unfurls above the historic block structure as a new, clearly contoured major form, becoming an identifiable symbol of the theater. During evening events, the entire glass crystal shines from within. The historical façade remains in the dark with light only at the entrance area. The building's content sets it aglow.

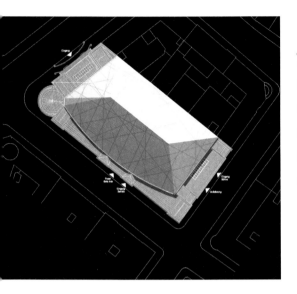

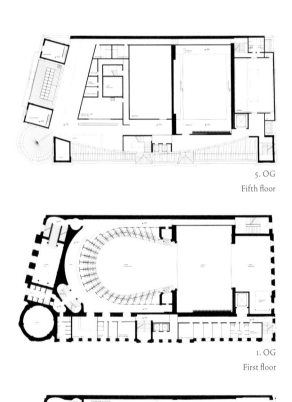

5. OG
Fifth floor

1. OG
First floor

EG
Ground floor

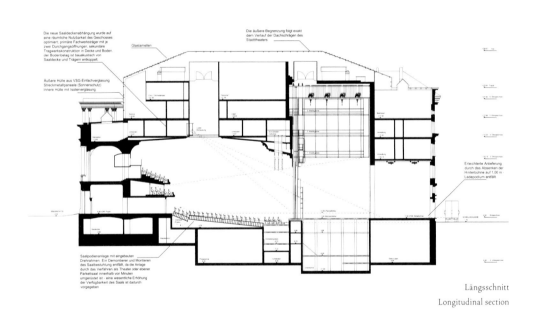

Längsschnitt
Longitudinal section

Neue Veranstaltungsräume formen sich über dem historischen Bau als gläserner Kristall.

New event spaces form above the historical structure as glass crystal.

Abends wird der gläserne Dachaufbau für die Innenstadt zur urbanen Laterne.

In the evening the glass roof extension becomes an urban lantern for the downtown.

Musiktheater
Linz, 2006
Wettbewerb / competition

Vorgewölbt mit Blick zum Park, erstreckt sich mit sanfter Wellung nach links und rechts der gesamte Foyer- und Pausenbereich über zwei Geschosse. Schwebend über dem gläsernen Eingangsgeschoß ist dieser Teil des Gebäudes durch ein freies Geflecht aus Stein optisch hervorgehoben.

Das zweite signifikante Element dieser Anlage ist die 70 m hohe Hochhausscheibe. Sie ist integrierter Bestandteil des Ensembles und als Hotel an das Theaterfoyer angeschlossen.

The entire lobby and intermission area, billowing out with a view toward the park, stretches across two floors, with soft ripples to the left and right. Suspended above the glass entry level, this area of the building is visually emphasized by a free mesh-work of stone. The facility's second significant element is the slender, 70-meter-high skyscraper block. The hotel is an integrated component of the ensemble and is attached to the theater's lobby.

Blick ins Foyer
View into the foyer

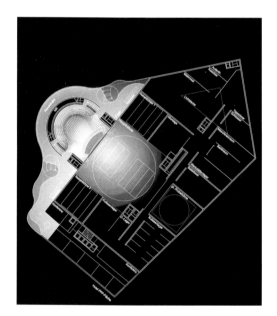

Obergeschoß. Um den hufeisen-förmigen Zuschauerraum führt die Foyer-Promenade mit Blick zum Park.

Top floor. The foyer promenade leads around the horseshoe-shaped viewer space with a view of the park.

Das steinerne Ornament umhüllt den zweigeschossigen Foyerraum.

The stone ornament wraps around the two-story foyer space.

In der Hochhausscheibe sind Hotel und Büros untergebracht. Die Foyerräume des Theaters können für Konferenzen genutzt werden.

A hotel and offices are housed in the high-rise block. The theater's foyer spaces can be used for conferences.

MMC Mixed Media Center
Wien / Vienna, 2000

Das MMC besetzt die städtebaulich wichtige Ecke, an welcher das Museumsquartier auf den Einkaufsboulevard Mariahilfer Straße trifft.

Das Gebäude funktioniert als Transformator: inhaltlich ein Umschlagplatz, an dem Kommerz auf Hochkultur stößt; formal ein Drehkörper, der dem Betrachter mit jedem veränderten Blickwinkel eine andere Gestalt zeigt.

The MMC occupies the important urban planning corner where the Museums-Quartier abuts Mariahilfer Strasse, a shopping boulevard.

The building functions as a transformer: In terms of content, it is a transfer center where commerce meets high culture. In terms of form, it is a rotating body that reveals a different shape to beholders from every new viewing angle.

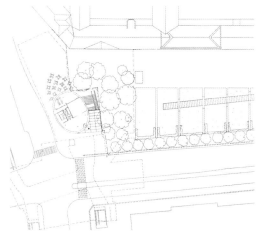

Auf dem Vorplatz zwischen Museumsquartier und Kunsthistorischem Museum sollte das MMC stehen.

The MMC should stand on the square between Museums-Quartier and the Kunsthistorisches Museum.

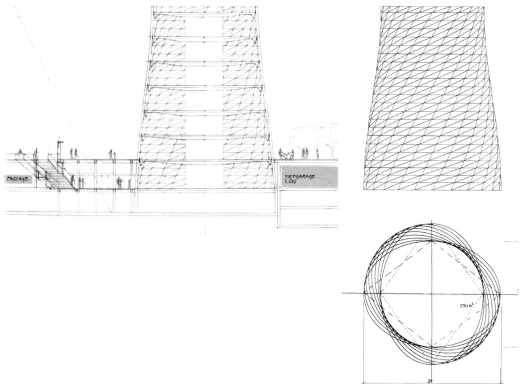

Die Fassade des Drehkör-
pers wird aus identischen
Glasdreiecken gebildet.

The façade of the rotating
body is made of identical
glass triangles.

Blick in das glasgedeckte
Tiefgeschoß, das den
Anschluss zur Station der
U-Bahn herstellt

A view into the glass-
covered basement, creating
a connection to the subway
station

Veranstaltungshalle E+G
Museumsquartier
Wien / Vienna 1990–2001

Die historische Winterreithalle wird für theatrale Veranstaltungen als ‚Halle E' genutzt. Die dafür konstruierte Zuschauertribüne aus Stahl mit 870 Plätzen trennt über die gesamte Gebäudebreite den Theaterraum vom Foyer. Die gebauchte Tribünenuntersicht aus gebürsteten Aluminiumplanken bestimmt mit der barocken Kaiserloge vis-à-vis den Foyer-Raum. Von hier ist die unterirdische Halle G mit 340 Zuschauerplätzen erschlossen, ein Zwischenfoyer leitet zur Kunsthalle über.

The historical winter riding school is used as Hall E for theater events. The 870-seat spectator stands, specially constructed from steel for this purpose, run across the entire width of the building and separate the theater room from the lobby. The curved underview of the stands of brushed aluminum planks defines the foyer space, as do the baroque royal box seats vis-à-vis. Accessible from here is the underground Hall G with seating for an audience of 340; a lobby in between connects to the Kunsthalle.

Die historische Winterreithalle als Bindeglied der Neubauten von Leopold Museum und Museum Moderner Kunst. Der Neubau der Kunsthalle liegt eng verbunden hinter der Winterreithalle. Dass Historisches den Blick auf Zeitgemäßes verdeckt, wurde vielfach kritisiert. Die Verschmelzung von Alt und Neu nach Kriterien der Brauchbarkeit ist Kennzeichen der europäischen Metropolen, stößt in Wien aber auf ästhetischen Widerstand, der die Dominanz einer ‚Moderne' fordert.

The historical winter riding hall, acting as a link that connects the new constructions of the Leopold Museum and the Museum Moderner Kunst. The new Kunsthalle building is aligned closely behind the winter riding hall. There was much criticism that the historical elements block the view of the contemporary ones. The melting of old and new based on criteria of usability is characteristic of European metropoles, but meets with aesthetic resistance in Vienna, where there is a demand for the dominance of "modernity."

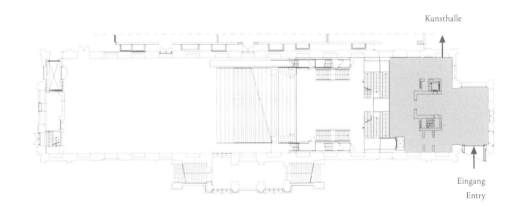

Kunsthalle

Eingang
Entry

Halle G, ein 500 m² großer
Theaterraum unter der historischen Reithalle

Hall G, a 500 m² theater space
below the historical Riding Hall

Das Zwischenfoyer mit
Garderoben dient für Halle
E und G.

The interim foyer and cloakroom also serve Hall E.

Großes Foyer mit Aufgang zu den oberen Tribünenrängen. Die Untersicht der Sitztribüne ist ähnlich einem Schiffsrumpf mit Aluminiumspanten versteift.

A large foyer with stairway to the upper tiers of the stands. The underview of the stands is strut by aluminum ribs, similar to the hull of a ship.

Schnitt durch die Veranstaltungshalle. Links das große Foyer, das sich von der Kaiserloge bis unter den Tribünenkeil erstreckt.

Section of the events hall. Left, a large foyer extends from the Kaiserloge (royal box) to the stands.

Die Sitztribüne reicht bis unmittelbar an die historische Fassade heran, ist aber so getrennt, dass sie entsprechend den Auflagen der Denkmalpflege wieder abbaubar ist.

The stands extend directly to the historical façade, but are separated in such a way that they can be dismantled in keeping with the mandate of historical preservation.

Schiffbau
Theater- und Kulturzentrum /
Theatre and Cultural Center
Zürich / Zurich 1996–2001

Werkstätten, Ateliers, Probebühnen und andere, bisher auf mehrere Orte verstreute Einrichtungen des Schauspielhauses werden auf dem ehemaligen Industrieareal Sulzer-Escher-Wyss zu einem Zentrum zusammengefasst. Die denkmalgeschützte Schiffbauhalle wird als großzügiges Foyer adaptiert, um das sich das Hallentheater, das Jazzforum, das Entrée zum Studiotheater und das Restaurant gruppieren. In direkter Verbindung steht das neue Hofgebäude, in dem alle Werkstätten und Büros des Schauspielhauses untergebracht sind, sowie ein darüberliegender Ring von Maisonetten, die um einen Innenhof gelagert sind, der auch als Freilufttheater genutzt wird. Architektonisch wird die Schiffbauhalle so erhalten, wie sie die Jahre bisher überdauert hat. Alle neuen Architekturteile sind als autonome Elemente in diesen Raum gestellt. Große Container mit eigenem Innenleben, die sich nirgends mit der alten Struktur zu verbinden brauchen. Das Hofgebäude zeigt sich als lapidarer Block, 84 m lang, 40 m breit, 23 m hoch. Auf allen vier Seiten mit einer Fassade aus weißen vertikalen Betonlisenen, die sich mit goldgefassten Fensterbändern in gleicher Breite abwechseln. Sind die Jalousien heruntergelassen, ergibt sich rundum ein festliches Muster von gleichen weißen und goldenen Streifen. Über die Fassaden in unterschiedlichen Höhen angeordnet sind vergrößerte Reliefbilder der Koren des Erechtheion: festlicher Hausschmuck, der zeigt, hier wird gefeiert. Das gilt für all die unterschiedlichen Funktionen, die sich in diesem Haus überlagern: auf das Werken in den Produktionshallen und Ateliers, das Spiel auf den Bühnen und das Wohnen ganz oben.

Eingang am Abend für
Gäste, Veranstaltungen
und Restaurant

Evening entry for guests
for events and restaurant

The various facilities of the Schauspielhaus, which had previously been scattered throughout the city – workshops, art studios, practice stages, etc. – are brought together as one center in the former Sulzer-Escher-Wyss shipyard. The shipbuilding hall, a historical landmark under preservation orders, was adapted as a spacious lobby. A theater, jazz forum, studio theater entrance, and restaurant group around it. Directly adjacent is the new courtyard building housing all of the theater's workshops and offices, as well as a ring of maisonettes above, arranged around the inner courtyard, which also functions as an open-air theater. Architecturally, the shipbuilding hall was preserved as it survived the years. All new architectural structures were placed in the space as autonomous elements, as large containers with their own inner lives, which do not have to be attached to the old structure at any point. The courtyard building can be seen as a succinct block: 84 meters long, 40 meters wide, and 23 meters high. On all four sides of the structure's façade are vertical, white concrete pilaster strips, alternating with equally wide bands of gold-framed windows. When the blinds are lowered, arising all around is a ceremonial pattern of identical white and gold stripes. Enlarged relief images of the Caryatids from the Erechtheum are arranged at various heights above the façade – festive décor showing that things are being celebrated here. This applies to all of the different functions layered into this building: work in the production halls and studios, acting on the stages, and living up at the top.

Das Portal der alten Fabrikationshalle bleibt wie es war. Soviel wie möglich von der räumlichen Aura und Patina zu erhalten, war Prinzip für den Umgang mit der alten Substanz.

The doorway of the old production hall remains the same. A principle in dealing with the old substance was to retain as much as possible of the spatial aura and patina.

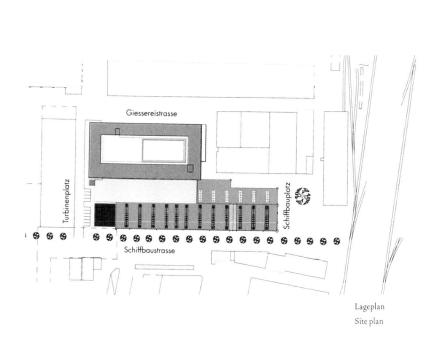

Lageplan
Site plan

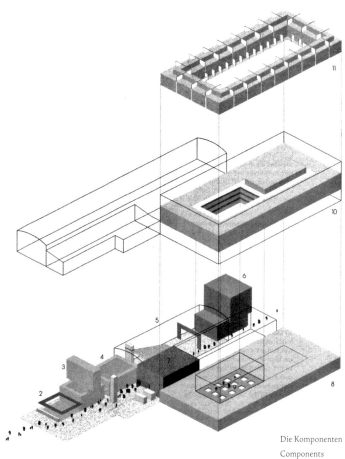

Die Komponenten
Components

Der Neubau des Hofgebäudes
und der Schwarze Atelierkubus
werden funktionell mit der alten
Schiffbauhalle verschmolzen.

The new courtyard building
and the black studio cube were
functionally merged with the
old shipbuilding hall.

Modellansichten
Model view

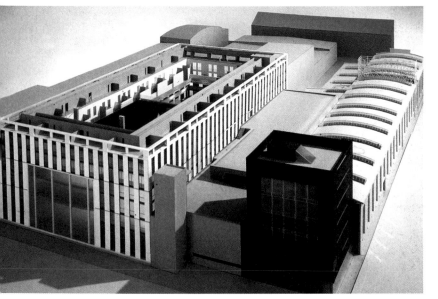

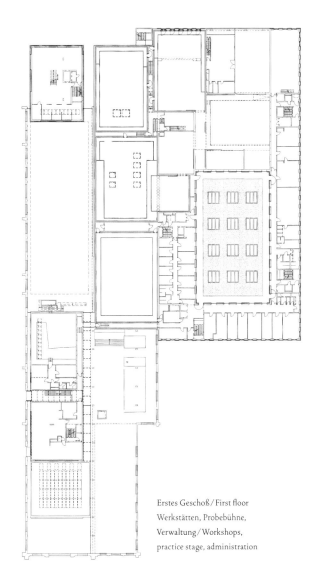

Erstes Geschoß / First floor
Werkstätten, Probebühne,
Verwaltung / Workshops,
practice stage, administration

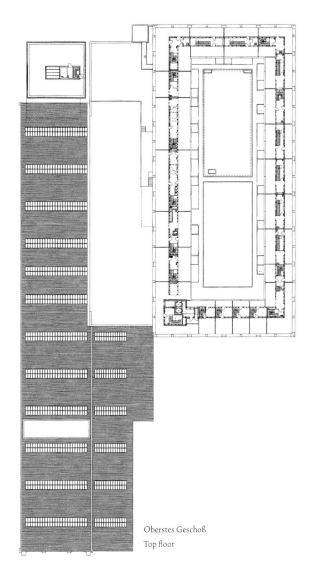

Oberstes Geschoß
Top floor

Querschnitt. Die Schiffbauhalle, das
Studiotheater, das Hofgebäude

Cross section. The shipbuilding hall, the
studio theater, the courtyard building

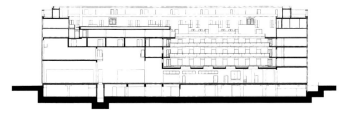

Längsschnitt durch Hofgebäude

Longitudinal section through
the courtyard building

Ansicht vom Turbinenplatz. Hofgebäude mit
großem Atelierfenster, Schwarzer Kubus der
Künstlerateliers und Agenturräume

View of Turbinenplatz. Courtyard building
with large studio window, black cube of the
art studios and agency spaces

Die Schiffbauhalle bindet Hofgebäude und
Schwarzen Kubus zum differenzierten Block.

The shipbuilding hall ties the courtyard building
and black cube together as a complex block.

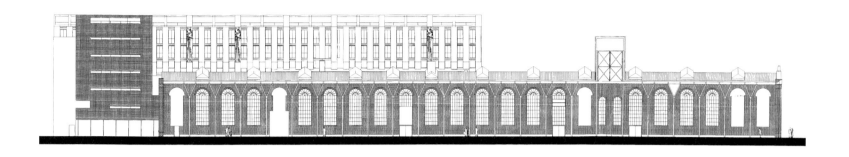

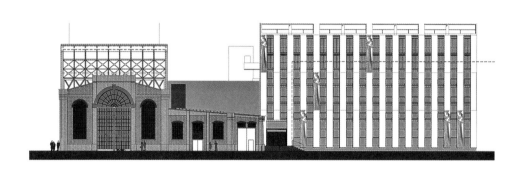

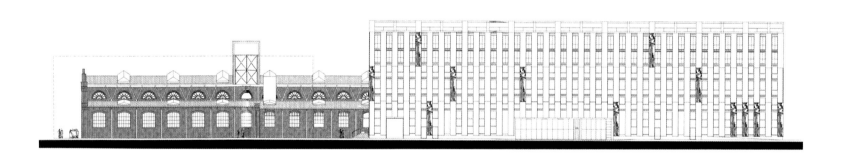

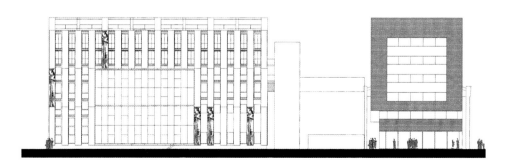

Ansichten des Hofgebäudes. Auf den weißen Lisenen schweben frei verteilt die Karyatidenreliefs. Die Fensterstreifen sind goldeloxiert gerahmt mit goldfarbenen Jalousien.

View of the courtyard building. The caryatid reliefs float freely distributed on the white pilaster strips. The window stripes are gold anodized, framed with gold-colored Venetian blinds.

Im Hofgebäude sind Werkstätten, Ateliers, Büros der Verwaltung zusammengefasst: all das, was notwendig ist, um Theater zu produzieren. Diese Produktionsstätte sollte sich nach außen mit prächtiger Hülle zeigen: ‚un palazzo del lavoro'.

The courtyard building brings together workshops, studios, and offices for the administration: everything that is necessary for theatrical productions. These production sites should display themselves outward with a magnificent mantle: "un palazzo del lavoro."

Blick vom Foyer zum Restaurant, das als gläserner Kubus in die Halle eingestellt ist

View from the foyer to the restaurant, which is placed in the hall as a glass cube

Zugang zum Studiotheater mit Möblierung für
Garderobe und Zugang zum Garagengeschoß

Access to the studio theater with furniture for
the cloakroom, and access to the garage floor

Blick vom Schiffbaueingang auf
die Glasbox des Restaurants

View from the entry to the glass
box of the restaurant

Foyer und Restaurant durch Glaswand getrennt,
aber optisch miteinander verbunden

Foyer and restaurant, separated by a glass wall,
but visually connected

Die Malerateliers mit großem
Fenster zum Vorplatz

Painting studios with large
windows to the front square

Theaterraum im Schiffbau. Die alte Hallenpatina des Zuschauerraumes wird bis in die Bühnenkulisse fortgeführt.

Theater space in the Schiffbau. The old patina of the auditorium continues through to the stage backdrop.

Ring der Maisonette-Wohnungen um den zweigeteilten Innenhof, dessen tieferer Teil für Freiluftaufführungen nutzbar ist

Ring of maisonette apartments around the two-part inner courtyard, the lower part of which can be used for open-air productions

Theaterprobe im Innenhof. Für Aufführungen werden die Ränge vor den Produktionsbüros mit Sitzgelegenheiten ausgestattet.

Theater rehearsal in the inner courtyard. The balconies in front of the production offices are equipped with seats for performances.

Jede Stadt hat ein anderes, spezifisches Selbstverständnis, insbesonders vom Urbanen; es verändert sich ständig, auch deshalb, weil es sich erneuern muss, um eine kollektive Dimension zu erreichen. Man kann dieses Selbstverständnis als *Selbsttransparenz des Urbanen* bezeichnen. Freilich ist das urbane Leben vielfältig, im besten Fall auch unüberblickbar. Dennoch besteht das Urbane aus Deutungen, die mehr oder weniger relevant sind oder werden. Insofern ist Urbanität ihre Interpretation.

Auch das Verhältnis von Architektur und Stadt lässt sich über die Selbsttransparenz des Urbanen verstehen – als eine Annäherung an die Architektur als öffentliche, alltägliche Angelegenheit.

Ein spezifisches Merkmal der Stadt Zürich ist, dass sie eine Global City ist, obwohl die Stadt zu klein ist, um eine solche zu sein. Sie hat jedoch eine ausdifferenzierte Serviceindustrie wie eine Großstadt, was auch Saskia Sassen veranlasst hat, Zürich ins Ranking der Global Cities aufzunehmen.

Das kulturelle Angebot von Zürich übertrifft dasjenige von München, eine rund viermal größere Stadt. Zürich hat allerdings über zwei Millionen Stadtkunden, welche die Kernstadt in höchstens 30 Minuten erreichen, auch mit öffentlichen Verkehrsmitteln. Global City ist nicht mit globaler Kultur gleichzusetzen. Erst vor zehn Jahren hat sich Zürich von seinen Zwinglianischen Zwängen befreit, so dass Restaurants und Bars nicht mehr um 23.30 schließen müssen. Die Verdammnis zur Arbeit, der sich die Zürcher trotz normalisierten Nachtlebens weiter unterwerfen, war freilich seit

The Specific
by Ernst Hubeli

Every city has a different specific self-image, in particular as regards urban qualities; it changes constantly because it must renew itself in order to achieve a collective dimension. One can describe this self-image as the *self-transparency of the urban*. Naturally, urban life is diverse, in the best of cases it is immeasurably diverse. Nevertheless, the urban consists of interpretations that can be or can become more relevant or less so. In this sense, urbanity is its interpretation.

The relationship between architecture and the city can also be explained in terms of the self-transparency of the urban – an approach to architecture as a public, everyday affair.

One of the specific characteristics of Zurich is that it is a global city, although, in fact, it is too small to be one. However, it has differentiated service industries like a big city, which led Saskia Sassen to include Zurich in the ranking of global cities.

The cultural amenities available in Zurich surpass those in Munich, a city about four times the size. However, Zurich has about two million city customers who can reach the core city in a maximum of 30 minutes, also by public transport. Global city should not be equated with global culture. It was only ten years ago that Zurich freed itself from its Zwinglian bonds which meant that restaurants and bars no longer had to close at 11.30 pm. The damnation of being compelled to work, a fate that the people of Zurich still subject themselves to, despite a normalised nightlife, has, of course, always been ambivalent. Part of this damnation is the collective

jeher doppeldeutig. Zur Verdammnis gehört der kollektive Ungehorsam, der eine zweite Stadt hervorgebracht hat – ein unsichtbares Zürich, das aus unzähligen illegalen Bars bestand, die erst nach der gesetzlichen Liberalisierung verschwanden.

Zur unsichtbaren zweiten Stadt gehört auch ein – scheinbar paradoxes –abweichendes, ziviles Verhalten. In Zürich besteht eine ausgesprochene Abneigung gegen augenfälligen Luxus. Es geht dabei nicht (oder nicht mehr) um einen puritanischen Kodex, sondern um einen Stil, der nicht nur für diejenigen gilt, die sich ihn leisten können, sondern auch für jene, welche Luxus nur in der Vorstellung kennen. Insofern hat sich ein kollektiver Maßstab der Selbstdarstellung durchgesetzt, der die unterschiedlichen sozialen Schichten versöhnt, was der bilderpolitische Grund ist, dass in Zürich seit jeher Arbeitsfriede herrscht. So sieht Zürich für Touristen reich aus, in Wirklichkeit aber ist Zürich viel reicher.

Die Skepsis gegen auftrumpfende Gesten und Formen hat sich unter anderem auch gegen postmoderne Architekturen gewendet, die sich in Zürich nicht ausbreiten konnten. Man hat sie wohl als angemalten Reichtum der *nouveaux riches* gedeutet.

Auch andere globale Trends werden in Zürich mit vorauseilender Kritik und Geiz gefiltert, bis das übrig bleibt, was brauchbar ist – Rosinen vom Neusten aus der Musik- und Kunstszene wie von der Hightech- und eCommerce-Front.

Das Versprechen eines globalen Blendwerks nützte auch dem schwerreichen Kunstsammler Flick nicht, als er mit Rem Koolhaas im Geleit den Zürchern ein neues

disobedience that produced a second city – an invisible Zurich consisting of innumerable illegal bars that only vanished after the laws had been liberalised.

Part of the invisible second city was an – apparently paradoxical – dissenting civilian behaviour. In Zurich there is a marked dislike of obvious luxury. The issue here is not (or not any longer) a puritanical code but a style that not only applies to those who can afford it but also to those who know only the notion of luxury. In this sense, a collective scale of self-representation has been established that reconciles different social classes, which is the reason that in Zurich a working peace has long prevailed. Zurich looks rich to tourists; in reality it is even far richer.

This scepticism as regards elaborate gestures and forms has turned against postmodern architecture (among other things) that was unable to spread widely in Zurich. It was, it seems, interpreted as the painted wealth of the *nouveaux riches*.

Other global trends are filtered in Zurich with anticipatory criticism and parsimony until only what is useful remains – the pickings, so to speak, from the latest in the music and art scenes and from the high-tech and e-commerce fronts.

The promises of a global illusion did not help the extremely wealthy art collector Flick when, with Rem Koolhaas at his side, he sang the praises of a new art gallery with the most important private collection in the world as a present to the citizens of Zurich. Both the left and the right were in agreement that an art collection with connections to forced labour in Nazi Germany was not suitable for Zurich. Now it is shown in Berlin.

Kunsthaus mit der weltweit bedeutendsten Privatsammlung als Geschenk anpries. Die Linken und Rechten waren sich einig, dass eine Kunstsammlung, die mit Zwangsarbeit im Nazi-Deutschland in Verbindung gebracht wird, nicht zu Zürich passt. Nun wird sie in Berlin gezeigt.

Selbstverständlich gibt es auch Stimmen, welche den Zürcher Habitus als bieder, langweilig oder versnobt empfinden. Allen voran Architekten, die in Zürich ‚so etwas wie in Luzern' bauen möchten. Doch selbst ein Fußballstadion-Projekt, dessen Architektur sich wichtiger nahm als das Fußballspiel, scheiterte kürzlich an den Zürcher Verhältnissen.

Die spezifische urbane Stärke von Zürich liegt durchaus in dieser Biederkeit, die freilich keine ist. Denn wer glaubt, sensationelle Architekturobjekte generierten Metropolitanes verwechselt Gestaltungsstress mit urbaner Kultur. Das belegt auch die Tatsache, dass globale Architektur vor allem in Provinzstädten zu finden ist.

Die großstädtische Geste, die sich Luzern in Form eines gigantischen Kulturpalais leistete, hat dazu geführt, dass im ‚besten Konzertsaal der Welt' lokale Blaskappellen proben. Das Luzerner Angebot, das Zürcher Tonhallenorchester solle die Leere im ‚Global Label' stopfen, wurde von den Zürchern natürlich als schlechter Witz verstanden.

Selbst Paris – das sich immer noch als Hauptstadt von sich selbst versteht – hat seine ‚grands projets' wie heiße Kartoffeln fallen lassen. Das spricht zwar nicht grundsätzlich gegen einmalige Architekturobjekte. Sie können aber nicht jeden Montagmorgen

Naturally, there are also voices that regard the Zurich way of doing things as boring, snobbish or too safely conventional; above all among the architects who want to build in Zurich "the same way as in Lucerne". But even a project for a football stadium, in which the architecture took itself more seriously than it did the game of football, was recently defeated by the Zurich situation.

The specific urban strength of Zurich lies very much in this respectability that, of course, is not so respectable at all. Those who believe that sensational pieces of architecture generate a metropolitan quality are confusing design stress with urban culture. This is proven by the fact that global architecture is most often to be found in provincial cities.

The metropolitan gesture that Lucerne has afforded itself in the form of a gigantic culture palace has led to the situation that brass bands now use to rehearse in the "best concert hall in the world". Naturally, people in Zurich viewed the suggestion from Lucerne that the Zurich Tonhalle orchestra should fill the emptiness in the "global label" as a bad joke.

Even Paris – that still sees itself as the capital of itself – has let its "grands projets" drop like hot potatoes. This does not in principle speak against unique architectural objects. But they cannot be invented every Monday morning and, furthermore, they cannot be invented at all. Whether cultural buildings are accepted is related to

erfunden werden, und darüber hinaus: sie können gar nicht erfunden werden. Ob
Kulturbauten angenommen und akzeptiert werden, ist an einen politischen und sozialen Prozess gebunden. Und diese Aneignung geschieht ja nicht, indem der touristische Blick mit seiner verständnislosen Neugier über schöne Architekturwerke
schweift. ‚Gute Würfe' sind unsichtbar. Sie entstehen allein durch das Gerede, das
einen kulturpolitischen Kick wie das Selbstverständnis voraussetzt, das ein ‚grand
projet' den Alltag anreichert und nicht bloss am Bildschirm oder im Internet auf-
blitzt. Der ‚gute Wurf' schaut zurück, während das hübsche Bauwerk den touristi-
schen Blick aufsaugt.
Von den ‚grands projets' war schließlich auch nur ein einziges erfolgreich, das Centre Pompidou, weil es damals die Wende zu einer Säkularisierung der Kunstmuse-
en verkünden konnte. Es ist der architektonisch vergegenständlichte Abschied von
den hermetischen Kathedralen bildungsbürgerlicher Kunstversenkung. So etwas
ist – wie der richtige Zeitpunkt – nicht wiederholbar.

Auf ein scheinbar gegensätzliches Moment urbaner Selbsttransparenz verweist
eine urbane Jugendrevolte, die 1980 in Zürich stattgefunden hat. Vordergründig
forderten die Jugendlichen ein Kulturzentrum (als Äquivalent zum Opernhaus),
hintergründig eine Metropole. Zürich ist zu klein, um eine Metropole zu sein, und
zu groß, um eine Kleinstadt zu sein. Das Metropolitane verspricht, jedem denkba-
ren Lebensentwurf eine Realisierungschance zu geben – eine Freiheit, die Zürich

a political and social process. And this appropriation does not take place through
the gaze of the tourist roaming with an uncomprehending curiosity over a beautiful
piece of architecture. "Great successes" are invisible. They arise solely trough talk
which requires a socio-cultural kick as well as the awareness that a "grand projet" enriches everyday life and does not just appear on the screen or in Internet.
The "great success" takes a backward look, whereas the pretty building absorbs the
tourists' glances.
Of the "grands projets" ultimately only one has been successful, the Centre Pompidou, because it announced the move towards the secularisation of art museums. It
is the architectural statement of a departure from the hermetic cathedrals in which
the cultivated middle classes immersed themselves in art. But something like this
– just like the right moment – cannot be repeated at will.

An urban rebellion of young people that took place in Zurich in 1980 indicated
an apparently antithetic moment of urban self-transparency. Ostensibly the young
people were demanding a youth centre (as an equivalent to the Opera House), but
in fact what they wanted was a metropolis. Zurich is too small to be a metropolis and too large to be a small town. A metropolis promises a chance to realise
every imaginable life plan – a freedom lacking in Zurich, which the young people

fehlt, was die Jugendlichen als übertriebene staatliche Bevormundung empfanden: ‚Zürich gibt Dir eine Lebensversicherung und nimmt Dir das Leben.'

Freilich kann niemand eine Metropole einfordern. Das Paradox brachte aber zum Ausdruck, dass die Jugendlichen Zürichs Urbanität als ein Versprechen empfanden, das nicht gehalten wurde. Der ‚Betrug' ist nicht in Wörter fassbar, so dass sich die Wut an den Schaufensterscheiben entlud. Das Resultat bestand in einem gesamtstädtischen Kulissenwechsel. Die zerborstenen Gläser ließen ganze Straßenfluchten erblinden und die Wirklichkeit einer Stadt erscheinen, hinter deren Fassaden kein Leben ist.

Der potemkinschen Lüge setzte die urbane Revolte eine *Urbanität ex negativo* entgegen: die Trostlosigkeit eines Territoriums, wo Verhübschungen und Verniedlichungen innerhalb eines Regelwerkes von ‚Architektur', ‚Identität' und ‚Authentizität' verordnet sind. Wer planerische und gestalterische Überschüsse produziert, so die Lektion, hat das Gelände verfehlt, weil er den urbanen Fluss verdickt. Urbanität muss als gesellschaftliches Moment ja selber funktionieren, gleich einer Reibungswärme, die es braucht, damit die Versicherten nicht erfrieren.

In den 1990er Jahren begannen sich die Jugendlichen in Niemandsländern und Industriebrachen einzunisten, vor allem in Zürich-West. Es entstanden Kneipen, Szenen, Fabriken wurden zu Wohnungen oder zu Gründerzentren. Das ehemalige Industriequartier wurde urban, die Bodenpreise und die Mieten stiegen. Doch die

regarded as exaggerated state paternalism: "Zurich gives you life insurance and takes your life from you."

Naturally, nobody can demand a metropolis. But this paradox did express the fact that the young people of Zurich regarded Zurich's urbanity as a promise that had not been kept. The "swindle" could not be put into words, so the rage was directed against the shop windows. The result was a change of scene throughout the entire city. The shattered glass made entire street fronts blind and allowed the reality of a city to emerge in which there was no life behind the façades.

The urban revolt confronted this Potemkinian lie with a urbanity *ex negativo*: the dreariness of a territory where prettification and belittlement are decreed by a system of rules, based on "architecture", "identity" and "authenticity". The lesson was that whoever produces planning and design surplus has mistaken the territory because he thickens the urban flow. Urbanity itself must function as a social moment, like a frictional heat that it needs in order not to freeze to death.

In the 1990s, the young people began to settle in the no-man's-land and brownfield sites, above all in Zurich-West. Bars and various scenes developed, factories became apartments or founding centres. The former industrial area became urban and real estate prices and rents rose. But the usual effects of gentrification and exclusion

üblichen Gentrifications- und Ausgrenzungseffekte hielten sich in Grenzen. Ein Umziehen von einer zur anderen Industriebrache blieb möglich.

Bis heute sind die Spekulanten zurückhaltend, weil die Entwicklung dieses Stadtteils unvorhersehbar ist und auch keinem übergeordneten Plan folgen kann. Der wichtigste Grund liegt in den unüberblickbar zerstückelten Besitzverhältnissen und in einer natürlichen Kontaminierung durch Verkehr und anderen Lärm, was in Zürich ungewöhnlich ist. So erwiese sich der angebliche Bauboom in Zürich-West, von dem alle Tageszeitungen berichteten, als Medienente.

Zürich-West entwickelt sich in kleinen Schritten – ein oft unterschätzter Vorteil gegenüber jeder städtebaulichen Tabula rasa und allen großen Würfen, die sich früher oder später als Kopfgeburten entlarven.

Unter diesen Umständen sind für die städtebauliche Entwicklung von Zürich-West bestehende, stadtlandschaftliche Motive wichtig. Ideale Ordnungsprinzipien ersetzen Vernetzungen – Vernetzungen von Rest- und Zwischenräumen, von Brachen und baulichen Fragmenten. Anstelle von repräsentativen Achsen, Plätzen und Geometrien sind flächige, organische Abfolgen von Nicht-Orten wichtig, insbesondere deren Verhältnis zu einer vorhandenen anonymen Architektur, die für Zürcher Verhältnisse großstädtisch erscheint und nicht der ‚Verniedlichung‘ entspricht, die Max Frisch ‚der schweizerischen Angst vor Größe‘ zuschrieb.

Es gab einen weiteren Vorteil, einen politischen Vorteil. Mitte der 1980er Jahre wurden in Zürich-West für rund zwei Milliarden Schweizer Franken Industriebrachen

were limited. It was always possible to move to another brownfield site. To the present day, the speculators have remained cautious because the development of this part of the city is unpredictable and cannot follow an overall plan. The most important reason for this is the impossibly complicated small-scale ownership structure and the natural contamination by traffic and other kinds of noise, something unusual in Zurich. And so the building boom in Zurich-West, that all the daily newspapers wrote about, turned out to be a *canard*.

Zurich-West developed in small steps – an often-underestimated advantage compared to the kinds of urban tabula rasa and all the grand designs that sooner or later turn out to be intellectual conceits.

Under such circumstances, existing urban landscape motifs are important for the urban development of Zurich-West. Ideal organisational principles are replaced by networks – networks of leftover and intermediate spaces, of wastelands and built fragments. Instead of representative axes, squares and geometries, the important things are spreading organic sequences of non-places, in particular their relationship to an existing anonymous architecture, that, for conditions in Zurich, appears metropolitan and does not reflect the tendency to make things small and cute that Max Frisch attributed to the "Swiss fear of greatness".

monofunktional umgenutzt. Es entstand eine Business-Town, die nach Büroschluss tot war. Angesichts dessen waren sich Regierung und die Quartierbevölkerung einig, solches gilt es in Zukunft zu vermeiden.

In der Folge sensibilisierte sich auch die städtebauliche Debatte auf entsprechende Fragen und eine Strategie, die planerische Spielräume öffnete und zugleich eine stadtfeindliche Privatisierung der Brachen erschwerte. Damit verbanden sich Fragen nach der strukturellen Gliederung des Erdgeschoßes, ob und wie öffentliche Nutzungen gewährleistet und Anforderungen an eine erhöhte Nutzungsdynamik erfüllt werden können. Für eine radikale Mischnutzung wurden weitgehend nutzungsneutrale Raumgefüge entwickelt, auch Strategien, wie über gesetzliche und räumliche Voraussetzungen, wie Industriebrachen mit der bestehenden Stadtlandschaft vernetzt und wie heterogene, teilöffentliche Raumabfolgen mit großem Aneignungspotenzial umgesetzt werden können. Mit hohen Dichten wurde experimentiert, im Sinn einer Intensivierung und einer gesteigerten Künstlichkeit von Urbanität. Auch mit einer flächigen, labyrinthischen Vernetzung öffentlicher Orte.

Solche Fragen und Themen sind in Masterpläne eingeflossen – Steinfelsareal und Sulzer Escher-Wyss (Architekten: Herczog Hubeli), Maagareal (Diener & Diener). Realisiert sind bis heute mehrere Teilprojekte auf dem Steinfelsareal (Herczog Hubeli, Van der Meer Kaufmann) und auf dem Sulzerareal (Ortner & Ortner u.a.). Der Städtebau in Zürich-West – eine Entwicklung in kleinen Schritten – kontrastiert

There was a further advantage, a political one. In the mid-1980s, industrial brownfield sites in Zurich-West were monofunctionally converted at a cost of around two thousand million Swiss francs. A business town was created that became dead after the offices had closed in the evening. In view of this, both the government and the local population were agreed that this kind of thing had to be avoided in the future.

Subsequently the urban debate grew more sensitive in regard to questions of this kind and as regards a strategy that would open up leeway for planning, while at the same time making the privatisation of the brownfield sites (that would be inimical to the city) more difficult. This was linked to questions about the structural articulation of the ground floor zone, whether and how public uses could be ensured and how demands for an increased dynamic of use could be met. Predominantly use-neutral spatial systems were developed to create a radical mix of uses along with strategies to create legal and spatial preconditions that link industrial wastelands with the existing urban landscape and that create heterogeneous, partially public series of spaces that can be easily appropriated. Experiments were made with high density in the context of intensification and an increased artificiality of urbanity. And also with a spread-out labyrinthine networking of public places.

das, was in Zürich-Nord, ein ähnlich großer Stadtteil, in kurzer Zeit aus dem Boden gestampft wurde und einem paternalistischen Gesamtplan folgte. Ihm fehlte nicht nur, er verhinderte, was eine nicht geplante Stadt generiert: Raum für ein öffentliches Leben. Der gesamte Erdgeschoßbereich ist privatisiert, die zahlreichen, auch großen Parks sind übergestaltet und überinstrumentiert, keine freie Ecke, geschweige denn eine freie Fläche, deren Zweck nicht vorgeschrieben ist. Der neue Stadtteil scheint ausgestorben; er hat sich zu einer öden Vorstadt entwickelt, obwohl er zur Kernstadt gehört. Trotz modernster Wohnungen leidet das durchgeplante Quartier unter hoher Fluktuation, an architekturgärtnerischen Überschüssen und an mangelnder Versorgung.

Der Zürcher Kontext und die Eigenarten von Zürich-West prägen auch den städtebaulichen Stellenwert vom ‚Schiffbau‘. Dies gilt ebenfalls für den Wettbewerb, den die Schauspielhaus AG durchgeführt hat, an dem auch die gegenübergestellten Architekturpositionen vertreten waren.
Das Programm umfasste Neubauten für Werkstätten, Büros und Wohnungen sowie als Schlüsselprojekt den Umbau der größten ehemaligen Schiffbauhalle in Zürich-West in Theaterräume, Probebühnen, Bars und ein Restaurant.
OMA mit Rem Koolhaas entwickelten – in Anlehnung an das Wettbewerbsprojekt für die Bibliothek Jussieux in Paris – ein Gebäude, durch das eine endlose Schlaufe als Fortsetzung der Straße führt. Herzog & De Meuron setzten auf ein

Themes and questions of this kind were then included in masterplans – Steinfelsareal and Sulzer Escher-Wyss (architects: Herczog Hubeli), Maagareal (Diener & Diener). Up to the present several part projects have been carried out on the Steinfelsareal (Herczog Hubeli, Van der Meer Kaufmann) and on the Sulzer site (Ortner & Ortner and others).
Urban planning in Zurich-West – a development in small steps – contrasts markedly with was produced in a short period in Zurich-Nord, a district of about the same size, where a paternalist overall plan was followed. It not only lacks but it also prevents what a non-planned city generates: space for public life. The entire ground floor area is privatised, the numerous parks, also the large ones, are over-designed and over-instrumented with no free corners, not to mention free areas, where a function is not laid down. The new urban district looks as if it has died, even though it belongs to the core city. Despite the most modern apartments this completely planned district suffers from a high level of fluctuation, from excesses of architectural gardening and inadequate services.

The Zurich context and the special characteristics of Zurich-West also determine the urban value of "Schiffbau". This applies to the competition that was set up and run by the Schauspielhaus AG in which contrasting architectural positions were represented.

identitätsstiftendes Zeichen, auf ein global-nationales Emblem in Form einer vergrößerten Berghütte. Das unsensationellste Projekt gewann den Wettbewerb: Es konnte als Einziges die Jury überzeugen, dass es brauchbar ist und in ein Verhältnis zur Stadtlandschaft tritt.

Inzwischen sind einige Jahre verstrichen, seit der ‚Schiffbau‘ eröffnet wurde. Nach der Jugendbewegung der 1980er Jahre hat sich auch eine Jugendszene in Zürich-West eingenistet, die aus dem Umland anreist. Das Gebiet pulsiert vor allem an den Wochenenden, Tausende strömen nach Zürich-West, an denen sich auch das kommerzielle Angebot orientiert: unzählige Discos, Restaurants, Bars, Hip-Hop-, alternative und schicke Läden.
Es hat eine Gentrifikation stattgefunden, die nicht – wie üblich – die Ausgrenzung der konsumschwachen Schichten bewirkt hat, sondern der Generationen über 30. Es entwickelte sich eine Art Freizeitgetto der Jugend, was sich nicht nur in den Discos, sondern auch in den kulinarischen und Filmangeboten im ‚Cinemax‘ spiegelte. Innerhalb der Jugendlichen bildeten sich zwar unterschiedliche Szenen, eine metropolitane Ausdifferenzierung fand jedoch nicht statt. Sie beschränkte sich im Wesentlichen auf Stadtjugendliche, die sich mit Fahrrädern agil durch die Szenarien bewegen, und der so genannten Agglo-Jugend, die mit ihren Autos ständig hupend auf Parkplatzsuche ist. Es zeigten sich bald Anzeichen einer Verödung.

The brief included new buildings for workshops, offices and apartments as well as the key project, the conversion of the largest former shipbuilding shed in Zurich-West into theatre spaces, rehearsal stages, bars and a restaurant.
In a reference to the competition project for the Jussieux Library in Paris, OMA with Rem Koolhaas developed a building that leads through an endless ribbon as the continuation of the street. Herzog & de Meuron concentrated on a symbol that would offer identity, a global national emblem in the form of an enlarged mountain hut. The least sensational project won the competition. It was the only one that convinced the jury that it was usable and that entered into a relationship with the urban landscape.

By now, a number of years have passed since the opening of the "Schiffbau". After the youth movement of the 1980s, a youth scene established itself in Zurich-West that comes in from the surrounding areas. The district pulsates with life, above all at the weekend. Thousands of people stream to Zurich-West and the commercial facilities offered are also oriented towards them: innumerable discos, restaurants, bars, hip-hop, alternative and smart shops.
A kind of gentrification has taken place, but one that has not – as is normally the case – led to the exclusion of sectors that do not consume so much, but that instead excludes the generation over 30. A kind of leisure ghetto for young people has

Der politische Entschluss, die Filiale des Schauspielhauses – das vor allem von Abonnenten vom Zürichberg, dem Villenquartier, besucht wird – mitten ins Jugendgetto zu setzen, war aus damaliger Sicht mutig, wenn nicht leichtsinnig – aus heutiger Sicht aber intelligent. Erstens wurde so die ausschließliche Zuordnung des Schauspielhauses, zu einem bildungsbürgerlichen Clan allein durch die Standortwahl relativiert und zugleich konnte der Clan in das Quartier mit für ihn zwiespältigem Ruf gelockt werden. Zweitens hat sich mit dem ‚Schiffbau‘ die Gettoisierung entschärft und der Stadtteil urbanisiert.

Eingeführt mit Theaterstücken von Marthaler, einem international profilierten Regisseur und dem ‚Moods‘, das an die Zürcher Jazztradition anknüpft, wurde aus dem Ort ein Hybrid – aber nicht in erster Linie wegen der Veranstaltungen. Der polyfunktionelle Theaterraum, ein überdimensioniertes Foyer und zuschaltbare Werkstatthallen bieten Raum für alle Arten von Veranstaltungen und Ereignissen, Kongresse, Tangowochen, Filmzyklen usw.

Der Ort bietet statt festgelegter Funktionen Spielräume. Dem entspricht ein selbstverständliches architektonisches Konzept, das sich darauf beschränkt, in die große bestehende Halle Boxen zu setzen und zwar in der Art, dass auch zweckungebundene Zwischen- und Nebenräume entstehen. Fast unmerklich spiegelt sich so die Stadtlandschaft von Zürich-West im Innern. Außen-Innen wird zu Innen-Außen und umgekehrt.

developed that is reflected not only in the discos but also in the restaurants and the films shown in Cinemax. Among the young people different scenes formed, but a metropolitan kind of differentiation did not take place. It was largely restricted to the young urban people that propel themselves agily on their bicycles through the different scenarios, and the what is called agglo-youth who constantly beep their horns while searching for parking spaces. Signs of sclerosis soon became apparent. The political decision to erect a branch of the Schauspielhaus, which is attended largely by holders of season tickets from the villa district of Zürichberg, in the midst of the youth ghetto was, from the viewpoint of the time, courageous, if not indeed frivolous – but from a present-day viewpoint it seems a most intelligent decision. Firstly, the exclusive attribution of the Schauspielhaus to a cultivated middle-class clan was made relative through the new location alone, white at the same time this clan could be enticed into a district that had for it a dubious reputation. Secondly, the "Schiffbau" reduced the tendency for a ghetto to form and urbanised the district.

Launched with theatre productions by Marthaler, an internationally respected producer, and the "Moods" – a link to the Zurich jazz tradition – the place became a hybrid, but not primarily due to the events. The polyfunctional theatre space, an oversized foyer and workshop halls that could be combined with the space offer room for all kinds of events and occurrences, congresses, tango weeks, film cycles etc.

Dieser hausinterne Städtebau kontrastiert die bekannten Versionen aus den 1960er Jahren: Es gibt im ‚Schiffbau‘ keine eindeutigen und lesbaren Formen von Plätzen und Straßen, so wie sie etwa Hertzberger oder van Eyck ins Hausinnere verlegt haben und das Programm der Situationisten wohl zu wörtlich nahmen.

Die Stadtlandschaft von Zürich-West lässt durchaus situationistische Deutungen zu, was die Enthierarchisierung der Stadträume und die Auflösung von Grenzen betrifft. Typisch für Zürich-West sind labyrinthartige Abfolgen von öffentlichen Orten, Zwischenräumen, Restflächen und baulichen Fragmenten, wo jeden Tag ‚das Abenteuer um die Ecke‘ (Finkielkraut) stattfinden kann.

In der Deutung von Ortner & Ortner bleibt der situationistische Anspruch im Hintergrund, unaufdringlich, unsichtbar – was heute auch eine Voraussetzung ist, eigene Deutungen zu ermöglichen, die ihrerseits eine Voraussetzung sind, einen Prozess der Aneignung auszulösen.

Der ‚Schiffbau‘ und seine Spielräume haben bewirkt, dass nicht nur der Bau, sondern auch Zürich-West sozial durchlässiger, das heißt auch urbaner geworden ist. Zwar dominiert an den Wochenenden immer noch die Jugendszene, doch ihr Übergewicht wird zusätzlich durch eine allmähliche Veralltäglichung des Quartiers relativiert. In die Überbauung auf dem Steinfelsareal mit rund 150 Wohnungen

Instead of predefined functions the place offers room for manoeuvre. This is matched by a natural architectural concept that confines itself to placing large boxes in the spacious existing hall, in such a manner that intermediate and ancillary spaces are created that are linked to particular functions. Consequently, in an almost unnoticeable way, the urban landscape of Zurich-West is reflected in the interior. Outside-inside becomes inside-outside and vice-versa.

This internal urban planning contrasts with the familiar versions from the 1960s: in "Schiffbau" there are no clearly legible squares and streets of the kind that Hertzberger and van Eyck placed in the interiors of their buildings, in the process taking the programme of the situationists too literally.

The urban landscape of Zurich-West allows situationist interpretations as far as the dehierarchisation of urban spaces and the dissolution of boundaries is concerned. Typical of Zurich-West are labyrinthine sequences of public places, intermediate spaces, and built fragments, where every day "the adventure around the corner" (Finkielkraut) can occur. In the interpretation by Ortner & Ortner, the situationist aspiration remains in the background, undemanding and invisible. Today is a precondition for allowing individual interpretations, for setting a process of appropriation in motion.

sind Leute mit sehr unterschiedlichen sozialen, kulturellen und ökonomischen Präferenzen eingezogen. Mit den vielen öffentlichen Nutzungen – Restaurants, Bars, Billardsäle, Schulen, Kinos, Galerien – ist ein weiterer urbaner Generator in unmittelbarer Nähe vom ‚Schiffbau‘ entstanden. Im Laufe der Zeit ist er nun zu dem geworden, was Architektur leisten kann: kleine Sensationen für den Alltag.

––––––

The "Schiffbau" and its theatre spaces have meant that not only the building but also Zurich-West has become more socially permeable, which means also more urbane. Although the youth scene is still dominant at the weekends, its dominance is increasingly being balanced by an everyday quality that is gradually developing in the district. People with very different social, cultural and economic preferences have moved into the development of the Steinfels site that consists of around 150 apartments. With the many public uses, restaurants, bars, billiard rooms, schools, cinemas, galleries it provides a further urban generator in the immediate proximity of the "Schiffbau". Over the course of time it has developed into something that architecture can deliver: small sensations for the everyday.

––––––

BIBLIOTHEK
LIBRARY

Lernort, Archiv, Gedächtnis

Classroom, Archive, Commemoration

nichts erfinden — Erfindungen haben der Architektur nicht zu freieren Formen verholfen. Die pragmatische Machbarkeit landet konsequent bei einfachen geometrischen Modellen: Der Freiheit architektonischer Form steht die konkrete Nutzung im Weg. So bleibt für die formale Besonderheit nur der persönliche Willensakt eines Bauherrn und seines Architekten. Im guten Fall mit einem kurzzeitig spektakulären Bau als Ergebnis. Weiterführendes ergibt sich aus diesen formalen Erfindungen nicht, wie die Architekturgeschichte der letzten 100 Jahre zeigt.

invent nothing — Inventions have not helped architecture to achieve freer forms. Pragmatic feasibility consistently arrives at simple geometric models. Concrete use stands in the way of architectural form's freedom. Thus, all that remains for formal uniqueness is an act of volition on the part of the client and the architect. The best cases result in momentarily spectacular structures. As evident in the architectural history of the past one hundred years, nothing continuative emerges from these formal inventions.

Nietzsche's Haut — *Oh diese Griechen! Sie verstanden sich darauf zu l e b e n: dazu tut not, tapfer bei der Oberfläche, der Falte, der Haut stehen zu bleiben, den Schein anzubeten, an Formen, an Töne, an Worte, an den ganzen Olymp des Scheins zu glauben! Diese Griechen waren oberflächlich – aus Tiefe!*[1]

Nietzsche's skin — *Oh those Greeks! They knew how to l i v e: what is needed for that is to stop bravely at the surface, the fold, the skin; to worship appearance, believe in shapes, tones, words — in the whole Olympus of appearance! Those Greeks were superficial — out of profundity!*[1]

1   Friedrich Nietzsche, *Die fröhliche Wissenschaft / The Gay Science*, 1886

Speicherfähigkeit — Die Speicherfähigkeit ist eine wesentliche Eigenschaft der Architektur: Komplexer als andere Medien kann sie unterschiedliche Erfahrungen und zeitliche Veränderungen generell in ihrer Masse einschließen und zurückhalten. Bauten der Kultur haben diese Speicherfähigkeit programmatisch zu nutzen. In ihrer Form sollen diese Bauten lapidare Blöcke sein. Ruhig, großzügig, von exquisiter Schlichtheit. Längerfristig haltbare Bausteine, die im Zweifelsfall zur Besinnung und Orientierung beitragen können. Es sollte so sein, dass dieser Architektur der identifizierbare Ausdruck fast völlig fehlt, der sie einordenbar und einer bestimmten Zeit zuschreibbar macht. Der Konsens schleift solche Bauten zu Recht. Die Grundform ist reduziert auf vernünftige Machbarkeit.

Zusammenhänge sind selbstverständlich, die Verpflichtung zum Haushalten sorgt für Schlichtheit. Was hier aufgestaut ist als gebaute Masse, wirkt ruhig und dauerhaft. Dieses Bild ist Teil der Aufgabe solcher Gebäude: Beständigkeit und Großzügigkeit über den Tag hinaus zu liefern. [2]

Memory — Memory is an essential characteristic of architecture. More complex than other media, it is generally able to integrate and retain different experiences and temporal changes in its mass. Cultural buildings must use this storage capacity programmatically. These buildings should take the form of succinct blocks: calm, spacious, of exquisite simplicity. They are building blocks that can be preserved for a long period and, if need be, can contribute to establishing meaning and orientation. This type of architecture should be nearly void of identifiable expression that would allow it to be classified or associated with a particular era. Consensus hones such buildings into shape. The basic form is reduced to what is reasonably feasible. Connections are self-evident and the obligation to economize ensures simplicity.

What is retained in the building has a calm and enduring effect. This image is one of the tasks of such buildings: to supply permanence and greatness beyond the present day. [2]

2 Ortner & Ortner, *Wörterbuch der Baukunst / Primer of Architecture*, S. 81 / p. 148

Silentium Trichter — Bibliotheken sind leise Orte. Personen bewegen sich hier behutsamer, sprechen weniger, die Stimme gedämpft. Was geschieht, geschieht verzögert – eine seltsame Schläfrigkeit, die alle Beweglichkeit bannt, zugleich die Sinne in höchste Wachsamkeit versetzt. Feine Gerüche sind auszumachen: Materialien der Möbel, der Wände, der Beläge des Bodens, des unsichtbaren Staubs lassen sich mit einem Mal riechen, drängen ins Bewusstsein. Je tiefer man in die Bibliothek vordringt, die Schichten von Kontrolle, Kataloge, Ausleihe und Rückgabe hinter sich gebracht hat, desto intensiver wird das Leise-Sein zu einer Kraft, die den ganzen Bau bestimmt. Trichterförmig versiegen alle Laute im letzten Bereich des völligen Silentiums: dem großen Lesesaal als Raum höchster Konzentration.

Funnel of silence — Libraries are quiet places. People move more carefully, speak less, with hushed voices. All that happens, happens in slow motion — a strange somnolence that allays all movement, and at the same time quickens the senses. One can make out fine odors; smell the materials of the walls, the floor covering, and the invisible dust: all at once, they penetrate awareness. The deeper one presses forth into the library, leaving behind the layers of control gates, catalogues, lending and returns, the more the quietude becomes an intense power defining the entire building. Shaped like a funnel, all sounds trickle out in the last area of full silence: the large reading room as a space of utmost concentration.

Buch als Baustoff — Die Bibliotheken mit ihren Büchern verkörpern am besten, was man sich unter ‚kollektivem Gedächtnis' vorstellt: Eine endlose Zahl von Einzelstücken, die in sich unzählige Mitteilungen beinhalten und in den Stellagen zu kompakten Blöcken des Wissens verdichtet werden. Ein überdimensionaler Schädel, in dem gelagert ist, was wichtig war und noch wichtig ist. Das alles lässt sich nun auf winzigen Chips speichern und auf Bildschirmen abrufen. Die Bücher in ihrer alten Form sind für die Wiedergabe von Inhalten überflüssig geworden. Was aber bleibt, ist ihre physische Präsenz. Die Bücher sind der exklusive Baustoff, der die Bibliothek als Wissensgenerator erst sinnlich fassbar macht. Selbst wenn kein einziges Buch mehr in die Hand genommen werden dürfte, so sorgt allein ihr Vorhandensein für die atmosphärische Aufladung, die eine Bibliothek als Rückzugsort der Konzentration und Ruhe braucht.

Books as building material — Libraries, with their books, are the best embodiment of what we imagine to be our "collective memory": an endless number of unique items containing within them countless messages condensed to compact blocks of knowledge on the shelves; an oversized mind storing that which was once important and still is. Nowadays, everything can be stored on miniscule chips and called up on computer screens. Books, in their old form, have become redundant for passing on information. However, what remains is their physical presence. Books are the exclusive building material that lets the senses grasp the library as a generator of knowledge. Even if books could no longer be physically touched or picked up, their presence alone would serve to charge the atmosphere in a way necessary for a library, as a place of retreat for quietude and concentration.

Hierarchie der Bauten — Was die Masse der Bauten im Interesse einer gemeinsamen Erträglichkeit zu vermeiden hat, steht den Bauwerken der Kultur zur Hervorhebung zu: eine besondere formale Prägung Die Gesellschaft kann sich damit Meilensteine setzen. Für die Stadt sind sie Impulse einer großräumigen Erneuerung und markante Teile der Selbstdarstellung im Wettbewerb mit anderen Städten.

Hierarchy of structures — A special formal imprint: the majority of structures must avoid it in the interest of common tolerability, whereas cultural buildings have the privilege of emphasizing it. Society can set milestones with cultural buildings that make a unique formal impression. For the city, these structures provide impulses for widespread renewal and are a prominent part of the self-portrayal carried out in competition with other cities.

Maß der freien Form — Die immer wiederkehrende Frage: woher eine freie Form ableiten, womit sie begründen? Der Bauch als Orakelort der Intuition? Schamanische Setzung? Duchamps Urmeter der freien Linie folgt der methodischen Vernunft: in einem Meter Höhe wird gespanntes Haar von einem Meter Länge losgelassen und trifft geschwungen am Boden auf. Die geschwungene Linie des Haares wird übertragen auf die Messlatte einer Reißschiene und ausgeschnitten. Jedes weitere Haar ergibt eine neue Maßeinheit.

The measure of free form — The constantly recurring questions of where a free form should be derived from and how it should be established: the gut as the site of intuition? Shamanist position? Duchamp's standard meter of the free line follows a methodical rationality. From a height of one meter, a piece of hair stretched to a one-meter length is dropped and hits the floor in a gentle curve. The curved line of the hair is transferred to the measuring rod of a T-square and then cut out. Each hair provides a new unit of measure.

verfallen lassen — Gute Stücke zu flicken, zu reparieren, solange das Ganze noch trägt, gilt für Kleidung ebenso wie für Bauten. Dahinter steht eine Vornehmheit, die Bestehendes nicht so rasch verkommen lässt und den Glanz des Neuen aufdringlich empfindet. Ist aber der Zustand des Verbrauchtseins erreicht, so sind diese Dinge schließlich aufzugeben. Für Häuser ist das die Phase der letzten Blüte. Im Verfallen entwickeln sie Zartheit und Intimität, so als sollte noch etwas Vertrauliches mitgeteilt werden: Materialien entfalten eine weiche feine Pracht der Oberfläche und zeigen ihre Eigenschaft auf völlig andere Weise. Solange wie möglich sollten sie benutzt, der Zustand als Seltenheit gewürdigt und genossen werden. Rückwärtsgewandt ist daran nichts. Es ist vielmehr der zeitgemäße Umgang mit verfügbaren Ressourcen, sowohl was das Ausschöpfen bis zur letzten Möglichkeit als auch das Freimachen des Platzes für Neues betrifft.

let it deteriorate — To patch, to repair good objects as long as they can still be salvaged, applies to buildings as well as clothing. Behind this is a noblesse that refuses to allow things to fall apart so easily, that experiences the new as an imposition. Yet when a state of depletion has been reached, these things must finally be abandoned. For houses, this is the phase of the final bloom. As they deteriorate, they develop a tenderness and intimacy, as if something secret were yet to be imparted: the materials' surfaces acquire a fine, soft resplendence and they show their character in a completely different way. Such objects should be used as long as possible; their condition respected and appreciated as a rarity. There is nothing backward about this. Instead, it is a timely way of handling available resources, with regard to exploiting every last possibility for use and making room for what is new.

a n i m a r e — Vom gezeichneten Projekt zum realisierten Bau muss etwas geschehen, das einem Übertragen von Lebenshauch gleichkommt: Der fertige Bau muss mehr sein als die werkgetreue Umsetzung von Plänen, er muss mehr sein als die Summe von säuberlichen Details. Der Sprung vom Plan in die Wirklichkeit muss Animation mit sich bringen, die Erschaffung eines Objekts, das wesentlich ist. Eine Form konkreter Konditionierung ist herzustellen, die mit Intensität auf alle Sinne zu wirken vermag. Das wäre jedenfalls umfassender als bei allen anderen Medien möglich. Jedes Erklären und Übersetzen in verbale Sprache könnte sich erübrigen. Keine Metaphern, keine hervorgekramte Geschichte, kein Als-ob. Bauten dieser Art kennzeichnet eine atmosphärische Dichte, eine Ionisierung der Luft, wie sie in extremer Form vor Gewittern zu spüren ist: Die gebaute Masse setzt feine Energieströme frei, die sich ohne besondere Sensibilierung empfinden lassen. Solche Bauten strahlen.[3]

a n i m a r e — On the way from the design stage to the finished building, something must occur that amounts to breathing life into a structure. When finished, a building should be more than a faithful rendition of plans, and more than a collection of tidy details. The leap from plan to reality must entail animation; the creation of a vital object. Produced should be a form of palpable conditioning capable of impacting all of the senses with its intensity. It would, at least, be more intense than any other media could achieve. All explanations and translations in verbal language could then be made superfluous. No metaphors, no dredged up history, no "as if." Characteristic for buildings like this is an atmospheric concentration, an ionizing of the air similar to what can be felt in an extreme form just before a storm: the built mass releases subtle currents of energy that can be felt without any special sensitivity to them. This kind of building beams.[3]

3 Ortner & Ortner, *Wörterbuch der Baukunst / Primer of Architecture*, S. 14/p. 98

d u r a b e l – Dauerhaftes und Nachhaltiges gewinnen Gewicht erst im Gegensatz zum beliebigen Überfluss. Die Reduktion auf Vernünftiges hat weder mit formaler Verarmung noch mit moralischer Zurückhaltung zu tun. Sie ermöglicht vielmehr, mit verfeinerter Sachlichkeit eine längerfristige Orientierung herzustellen. [4]

d u r a b l e – That which is lasting and sustainable first gains significance when contrasted with arbitrary excess. Reduction to that which is practical has nothing to do with formal impoverishment or moral restraint and everything to do with a sophisticated Sachlichkeit that allows a longer-term orientation to emerge. [4]

Speicher FH Kiel, Kiel 1994

Das Baugelände der künftigen FH Kiel wird dominiert durch einen vorhandenen würfelförmigen Bunker mit 15 m Kantenlänge. Anders als im Bebauungsplan vorgesehen, wird dieser Kubus durch einen 23 m hohen Überbau zu einem markanten Wahrzeichen für den Campus umgeformt. Eine innenseitig verglaste Stahlbetonstellage über dem Bunker schafft Raum für kulturelle Nutzung und bildet als weithin über die Förde sichtbarer ‚Leuchturm' die visuelle Verbindung zum Meer und zur Stadt.

The building site of the future FH Kiel is dominated by an existing cube-shaped bunker with 15-meter-long edges. Contrary to what is foreseen in the master plan, this cube will be reshaped with a 23-meter-high superstructure to become a striking symbol for the campus. A glassed-in, reinforced concrete shelf over the bunker creates a space that can be used for cultural events and presents a "lighthouse" visible far over the fjords, forming the visual connection with the sea and the city.

Bunkerwürfel mit
Stahlbetonstellage

Bunker cube with
reinforced concrete frame

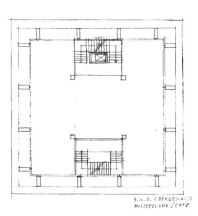

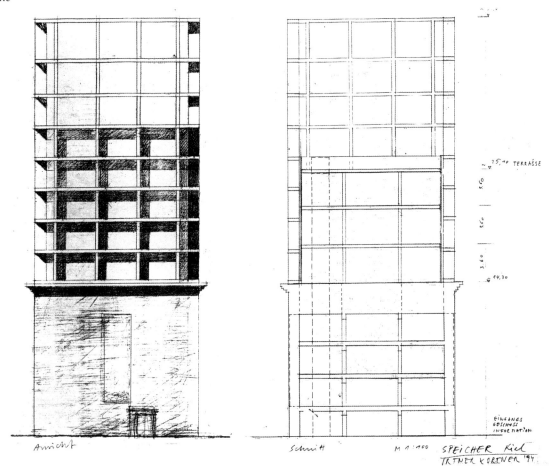

Hauptbibliothek
(Main Library)
Wien / Vienna, 1998
Wettbewerb / competition

Der ‚Gürtel' ist nach dem ‚Ring' der äußere konzentrische Straßenkreis, der die Wiener Stadtbezirke erschließt: ein Band aus zwei Straßen, die in der Mitte einen etwa 45 Meter breiten Streifen einschließen. Auf diesem Mittelstreifen soll das Bauwerk errichtet werden. Die Bibliothek zeigt sich als schwebender, allseitig gerundeter Körper. Hier geht es nicht um Analogie zu fliegenden Objekten der fremden Art, sondern um die Notwendigkeit, an diesem Ort ein autonomes Bauwerk zu schaffen, das gute Beziehungen zur Umgebung aufnehmen kann ohne Wertung spezifischer Richtungen und Zusammenhänge. Über Rolltreppen gelangt man ins Innere. Ein Lichtkegel teilt an dieser Stelle den ganzen Bau, der Besucher gleitet hinauf ins Licht.

The "Gürtel" (literally belt) is an outer concentric roadway, which, similar to the inner "Ring" street, connects the Viennese city districts: a band divided into two directional flows with an approximately 45-meter-wide strip in the middle. It is on this strip that the structure is to be built. The library presents itself as a suspended body, rounded on all sides. No analogy to flying objects of the alien sort is intended here. Instead, the form arises from the necessity at this site of creating an autonomous building that can enter into a good relationship with the surroundings without emphasizing any particular direction or connection. Visitors enter via an escalator. A cone of light divides the entire building here; visitors glide up, into the light.

Die Außenhaut sollte Nirostastahl sein, aus dem verglaste Lichtöffnungen ausgestanzt sind.

The outer skin is stainless steel from which glazed window openings are punched out.

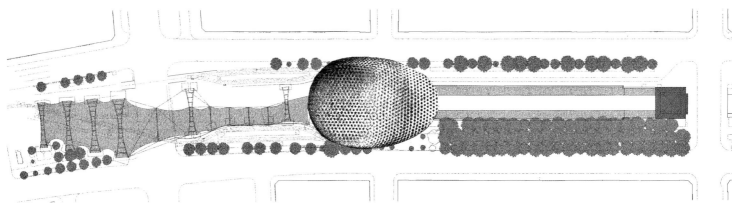

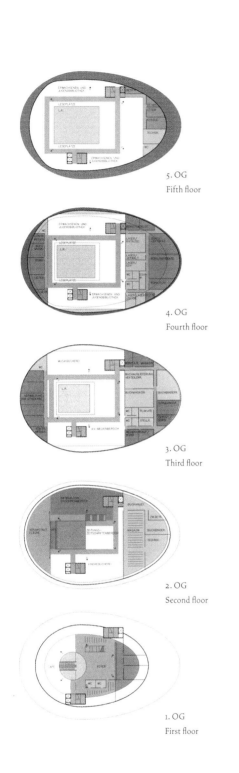

5. OG
Fifth floor

4. OG
Fourth floor

3. OG
Third floor

2. OG
Second floor

1. OG
First floor

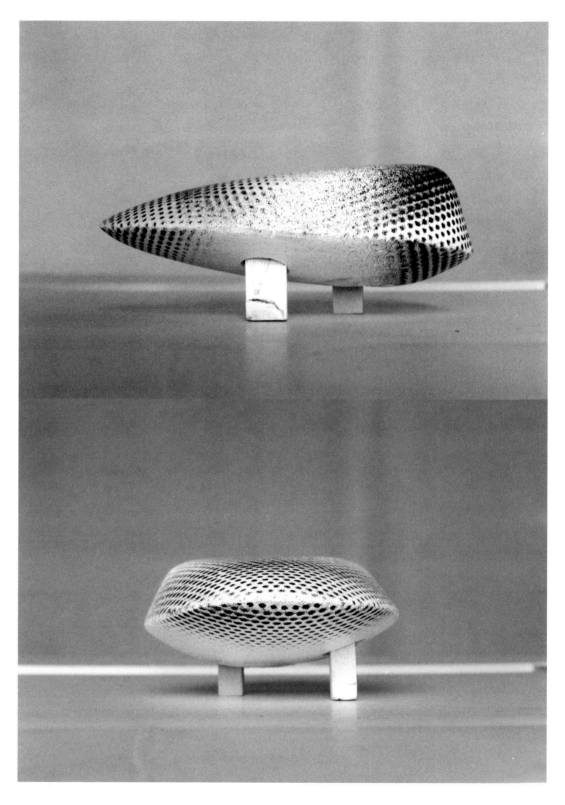

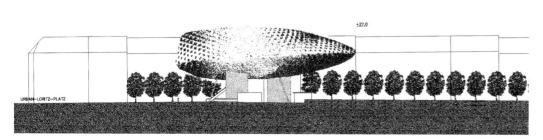

URBAN-LORITZ-PLATZ

+27.0

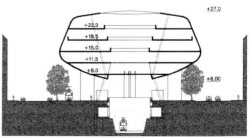

+27.0
+22.0
+18.5
+15.0
+11.5
+8.0
+6.00

Leseturm / Reading Tower
Museumsquartier Wien
Wien / Vienna, 1990–1995

Im Ensemble der neuen Gebäude des Museumsquartiers ist der Leseturm nach außen das übergeordnete Zeichen, nach innen der Drehpunkt, der Spannung und Dichte erzeugt. Von seiner Funktion her bietet der 57 Meter hohe Turm auf zehn Doppelgeschossen Themenpräsentationen, denen jeweils auch die entsprechenden Bücher und Medienträger zugeordnet sind. In diesen ‚Salons‘ wird so eine individuelle Auseinandersetzung möglich, die, ähnlich der Atmosphäre einer Privatbibliothek, den Besucher auf besondere Weise konzentriert.

Within the ensemble of the new buildings at the MuseumsQuartier, the reading tower is, outwardly, the highest-ranking symbol, and inwardly, a hub generating excitement and concentration. On its ten double floors, the 57-meter-high tower offers presentations on themes to which the commensurate books and media are dedicated. In these "salons," an individual confrontation is thus possible, which, similar to the atmosphere of a private library, allows the visitor a special form of concentration.

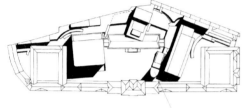

Leseturm im
MQ-Ensemble (1992)

Reading tower in
the MQ ensemble (1992)

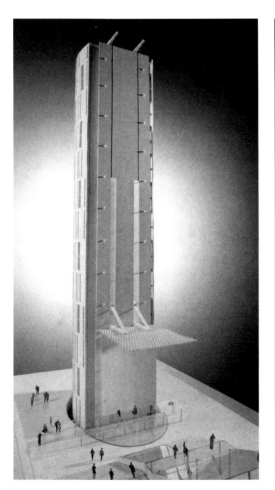

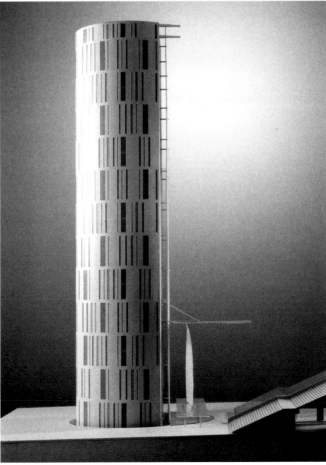

Leseturm mit bespielbarer Rückwand und Treppentribüne (1992), die Höhe ist 57 m

Reading tower, reaching heights of 57 m, with a playable back wall and stairs that can be used for seating

Um den Leseturm entbrannte eine sieben Jahre
anhaltende Diskussion, die mit noch nie da
gewesener Heftigkeit tief in die kulturellen und
politischen Lager reichte. Der massiven und
andauernden Kampagne der Kronen Zeitung
gelang es, nicht nur eine Redimensionierung
des gesamten Museumsquartiers zu erwirken,
sondern schließlich auch den Turm zu Fall zu
bringen.

A passionate discussion shot up about the
reading tower, which lasted seven years and
reached deeply into the cultural and political
situation with unprecedented intensity.
The massive and continual campaign by the
Kronen Zeitung, Austria's most widely circulated
newspaper, caused not only a rescaling of
the entire MuseumsQuartier but also led to
the downfall of the tower.

Im Sockelbereich eine bespielbare Wand mit mobilen Krag-
armen

In the base area, a playable
wall with mobile cantilevers

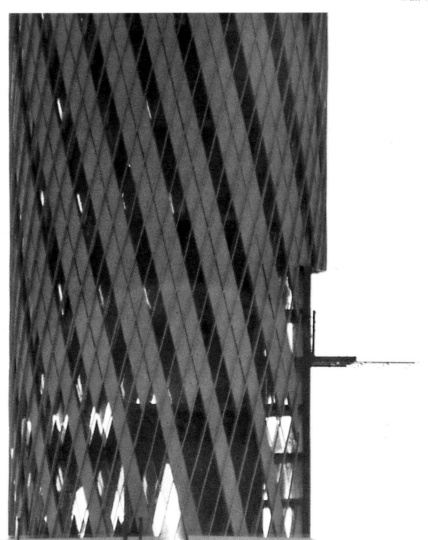

Die überarbeitete Version des Leseturms von 1994. Die äußere Hülle besteht aus grünspange-färbten Kupferlamellen, die sich als Netz um den Turm winden. Der Grundriss ist schlanker, die Höhe 60 m.

The reworked version of the reading tower from 1994. The outer skin is made up of verdigris-colored copper lamellae that wind around the tower like a web. The ground plan is slenderized; the height 60 m.

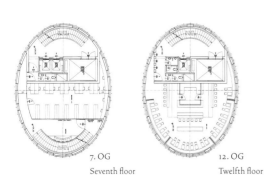

7. OG
Seventh floor

12. OG
Twelfth floor

LeTre / Die 3 / The 3
Bibliothekszentrum /
Library Center
Bozen / Bolzano, 2003
Wettbewerb / competition
(mit / with Rheinflügel Baukunst)

Die Gliederung der Bibliothek in drei autonome Bereiche, die in einem gemeinsamen Gebäude verbunden sind, ist in der Bauform ablesbar: Drei lang gestreckte Tonnen sind zu einer Einheit verbunden, in der ein glasgedeckter Arkadenhof das Lichtzentrum bildet. Die Platzebene an der Stirnseite des Gebäudes erschließt mit einem großen Foyer die Bibliothek sowie, gesondert, das Veranstaltungsforum, das Café und die Verwaltung.

The arrangement of the library into three autonomous sections connected in a common building is legible from the building form: Three long, outstretched barrels are connected to one unit within which a glass arcade courtyard forms the light center. The plaza level on the front side of the building provides access to the library through a large lobby and also, separately, to the event forum, café, and administration.

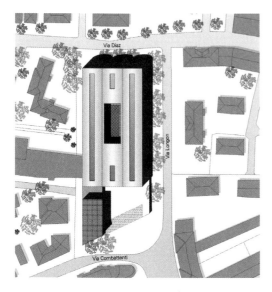

Der dreischiffige Bibliothekstrakt mit dem vorgelagerten Verwaltungsquader

The three-aisled library tract with the administrative section situated in front

Der Arkadeninnenhof erinnert an Bauformen der Alpenregion.

The inner court arcade recalls the construction typical in the Alpine region.

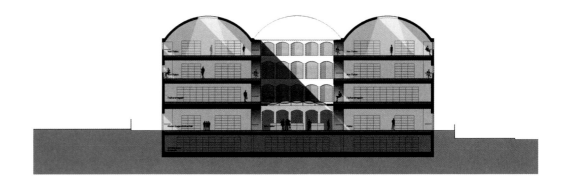

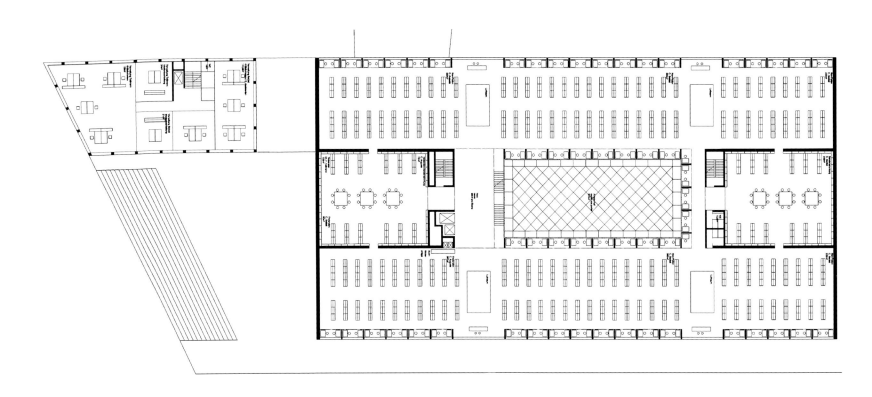

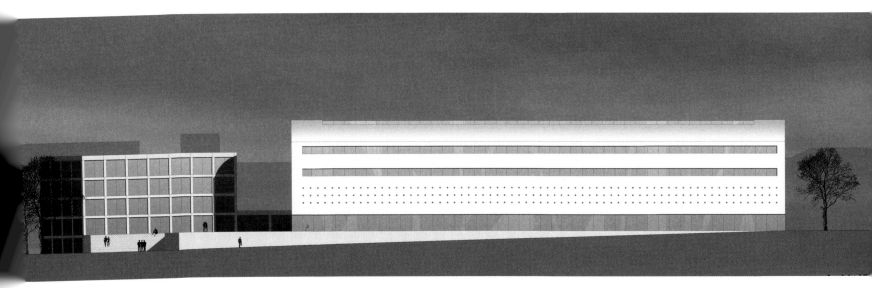

Lesenischen mit Tageslicht um den Innenhof und entlang der Längsfassaden

Reading niches with daylight around the inner courtyard and along the longitudinal façade

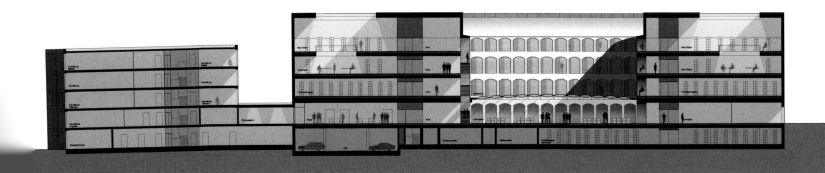

*Universitätsbibliothek /
University Library
Otto von Guericke
Universität / University
Magdeburg, 1998*
Wettbewerb / competition

Der Bau zieht sich als mäandrierendes Band über das gesamte Baufeld, bildet mit langen Zeilen Höfe und Gassen mit Ausblick zur Mensa im Norden und zum Park im Süden. Die Erschließung des Gebäudes für Besucher und Nutzer erfolgt vom neuen Platz zwischen Mensa und Bibliothek. Über ein großzügiges Foyer gelangt man in die Haupthalle. Sie liegt quer zu den eigentlichen Nutzungsbereichen, durchsticht das mäandrierende Band in allen Geschossen. Vertikale Lichtschächte verbinden die Geschosse der Halle, machen die übereinander gestapelten Regale mit ihren Büchern über die gesamte Höhe des Gebäudes sichtbar.

The building extends across the entire lot as a meandering ribbon, with long rows forming courtyards and alleys, a view of the Caféteria to the north and the park to the south. Visitors and users have access to the building from the new square between the Caféteria and library. One arrives in the main hall via a spacious lobby. It is situated crosswise to the actual use areas and pierces all floors of the meandering ribbon. Vertical light shafts connect the floors of the hall revealing a view of the book-filled shelves stacked one on top of the other, all the way to the top of the building.

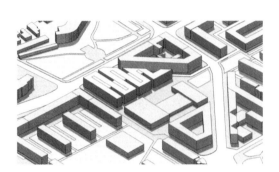

Die neue Bibliothek versucht in dem desolaten Umfeld mit den Nachbarbauten eine beruhigte Formation herzustellen.

In the desolate surroundings, the new library attempts to create a tranquil formation with the neighboring buildings.

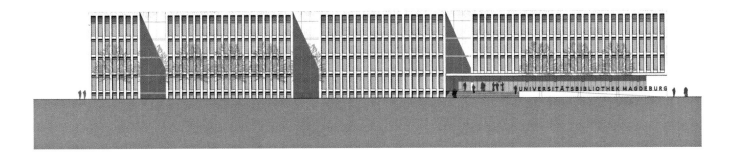

Die mäandrierende Anordnung
der Trakte ermöglicht eine
durchgehende Beleuchtung mit
Tageslicht und schafft zugleich
nach außen ein blockhaftes
Fassadenbild.

The meandering arrangement
of the tracts enables continuous
natural lighting and at the same
time creates a block-like façade
image toward the outside.

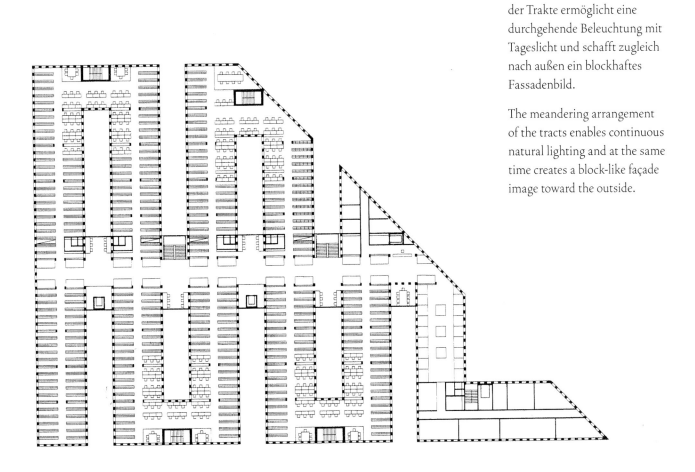

Deutsche Schule
(German school)
Genf / Geneva 2003
Wettbewerb / competition

Die Baugestaltung eines Schulhauses hinterlässt nachhaltigere Eindrücke bei der Jugend, die darin erzogen wird, als Gotteshäuser, Rathäuser, Museen oder Theater. Die architektonische Bedeutung eines Schulhauses als prägender Lernort ist aber immer mehr zur simplen Anordnung von Funktionsräumen verkommen. Wenn das Motiv der ineinander greifenden Bögen an eine Form von Aquädukt denken ließe, so würde die Assoziation durchaus dem entsprechen, was hier geschieht. Wichtiger aber wäre, die Form könnte sich frei von Interpretation einprägen als fester Meilenstein der vergangenen Jugendzeit.

The building aesthetics of a schoolhouse leave behind more lasting impressions with young people educated therein than do houses of worship, town halls, museums, or theaters. The architectural significance of a school building as a formative place of learning has, however, increasingly degenerated to a simple arrangement of functional spaces. Should the motif of interlocking arches bring to mind an aqueduct form, the association would correspond entirely with what is happening here. Yet more important would be for the form to leave an impression, free of interpretation, as a solid milestone marking one's bygone youth.

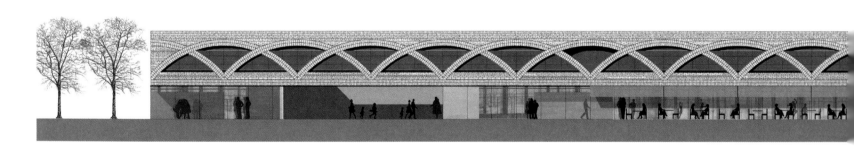

Dachdraufsicht
View of the roof

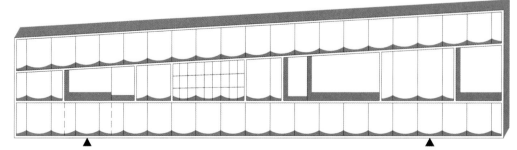

124

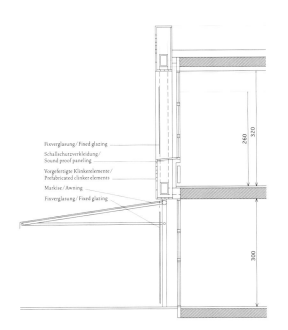

Fixverglasung / Fixed glazing
Schallschutzverkleidung / Sound proof paneling
Vorgefertigte Klinkerelemente / Prefabricated clinker elements
Markise / Awning
Fixverglasung / Fixed glazing

260
320
300

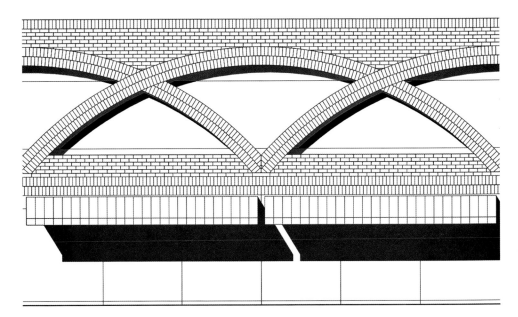

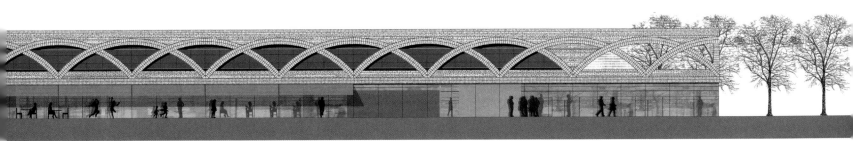

Die Backsteinbrücke schwebt über dem gläsernen Sockelgeschoß, das durch drei Innenhöfe Licht in der Mittelzone erhält. Großflächige Markisen beziehen den Außenbereich in das Sockelgeschoß mit ein.

The brick-lined bridge is suspended above the glass level at the base, which receives light in the middle zone through three inner courtyards.
Large awnings incorporate the outer area into the base level.

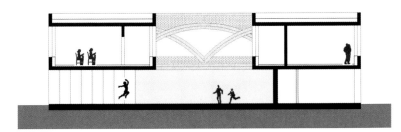

Universitäts- und Landesbibliothek
University and State Library (ULB)
Darmstadt, 2005
Wettbewerb / competition

Will man eine so große Bibliothek auf diesem verschachtelten Grundstück errichten und dazu noch ein Campus-Areal gewinnen, lässt sich das nur erreichen, indem man das Terrassenniveau des vorhandenen Universitätszentrums über den gesamten Hofbereich ausdehnt und alles, was die Bibliothek an Raum braucht, darunter anordnet. Diese Campus-Ebene verbindet alle umliegenden Gebäude angemessen und mündet niveaugleich in die Magdalenenstraße. Dort befindet sich der Eingang zur Bibliothek: Ein frei geschwungener größerer Glaskörper, der mit ähnlichen, kleineren gläsernen Körpern korrespondiert, die drei Meter über die neue Ebene herausragen und die Lichthöfe überdecken. Die Bibliothek als Feld, das alles rundum tatsächlich verbindet, macht auch Sinn in ihrer Organisation. Sämtliche Bereiche sind großflächig auf drei Ebenen angeordnet.

If one wants to build such a large library on this complex property and, by doing so, gain a new campus area, this can be done only by stretching the terrace level of the existing university center out over the entire courtyard area and relegating all the space needed by the library under it. This campus level is a suitable connection for all surrounding buildings and tapers to a level with the connecting street, Magdalenenstrasse. This is where the entrance to the library has been placed: a large, rolling glass body that corresponds with similar, smaller glass bodies projecting three meters over the new level and providing cover for the atriums. The library as a field that indeed connects everything around it also makes sense in its organization. All areas are generously arranged on three levels.

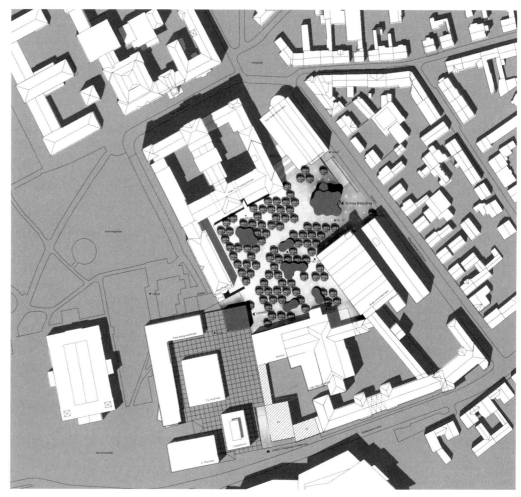

Unterirdisch fügt sich die Bibliothek in den Freiraum zwischen den vorhandenen Bauten. Lichthöfe bringen Belichtung und Grün nach unten. Nur der Entréebau und der Verwaltungskubus sind oberirdisch sichtbar.

Below ground, the library fits into the space between the existing buildings. Atria bring lighting and green into the lower level. Only the entry structure and the administrative cube are visible above ground.

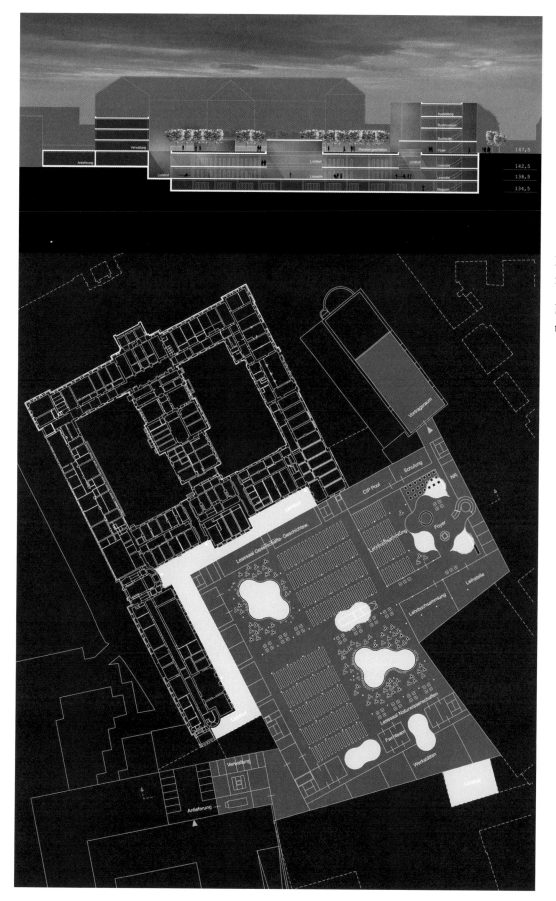

Lesesäle im
1. Untergeschoß

Reading rooms in
the first lower level

Staatsbibliothek
Unter den Linden
(Berlin State Library)
Berlin, 2000
Wettbewerb / competition

In der vorhandenen historischen Substanz der Staatsbibliothek soll der im Krieg zerstörte Kuppelsaal ersetzt werden. Der Entwurf greift die wesentlichen Motive des alten Saals auf: Der achteckige Zentralraum, der sich über fünf Geschosse erstreckt, wird von einer zweischaligen, 14 Meter hohen Kuppel überwölbt. Über Spiralrampen gelangt man zum Ringraum, der die beiden Kuppeln an ihrem Scheitel verbindet und abschließt. Nach außen und nach innen verglast lässt dieser Ring Tageslicht von oben ins Innere des Lesesaals dringen. Hier befindet man sich im ‚Gedächtnis': Mit leuchtenden Buchstaben sind die Namen der bedeutendsten Köpfe der Kultur- und Geistesgeschichte festgehalten, ein Planetarium natürlich und künstlich funkelnder Lichtpunkte.

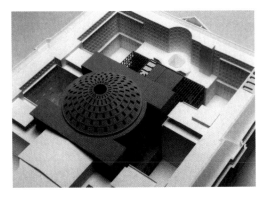

Neuer Lesesaal mit Kuppel
New reading room with dome

The domed hall, destroyed in the war, should be returned to the existing historic substance of the national library. The design takes up the essential motifs of the former hall: the octagonal central space, which spans five stories, is overarched by a fourteen-meter-high double-layer dome. The ring room, connecting and concluding the two domes at their peaks, is accessible via a spiral ramp. Glassed on the inside and outside, this ring space allows daylight to flow from above to the interior spaces of the reading room. One is in a place of "commemoration" here: the most important stars from cultural and intellectual history are captured in luminous letters; a planetarium of twinkling dots of light, both natural and artificial.

Vertikale Verbindung durch das Gebäude getrennt nach Benützern und Besuchern.

Vertical connection through the building, which is separated according to users and visitors.

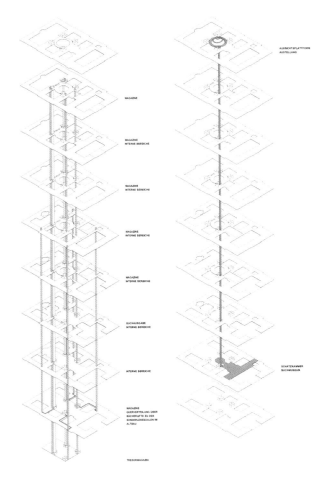

Bauteile, die neu implantiert werden

Building elements to be implanted

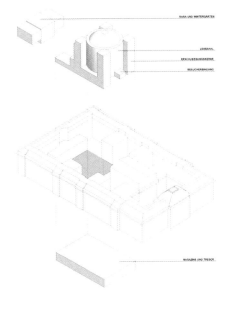

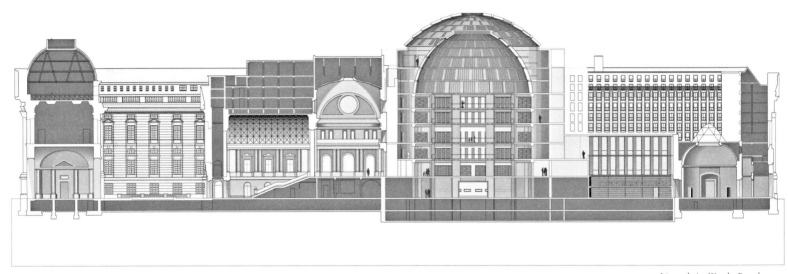

Längsschnitt, Weg der Besucher
Longitudinal section, visitor's path

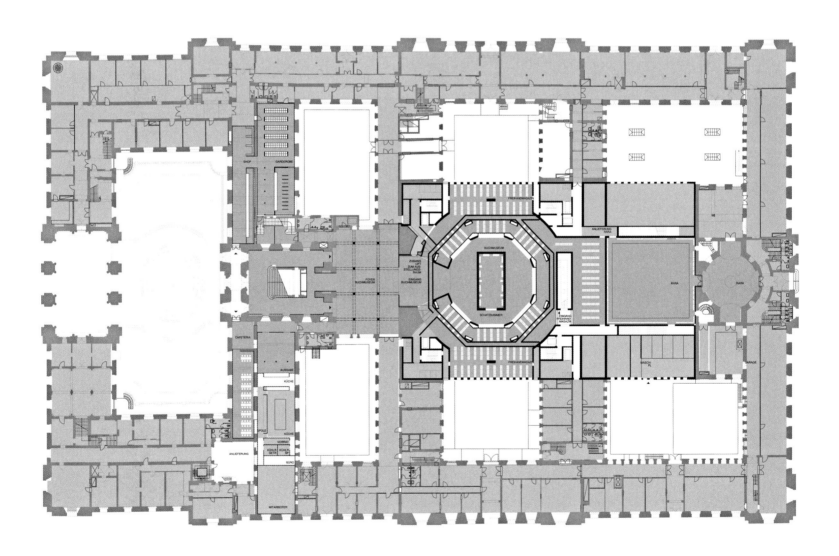

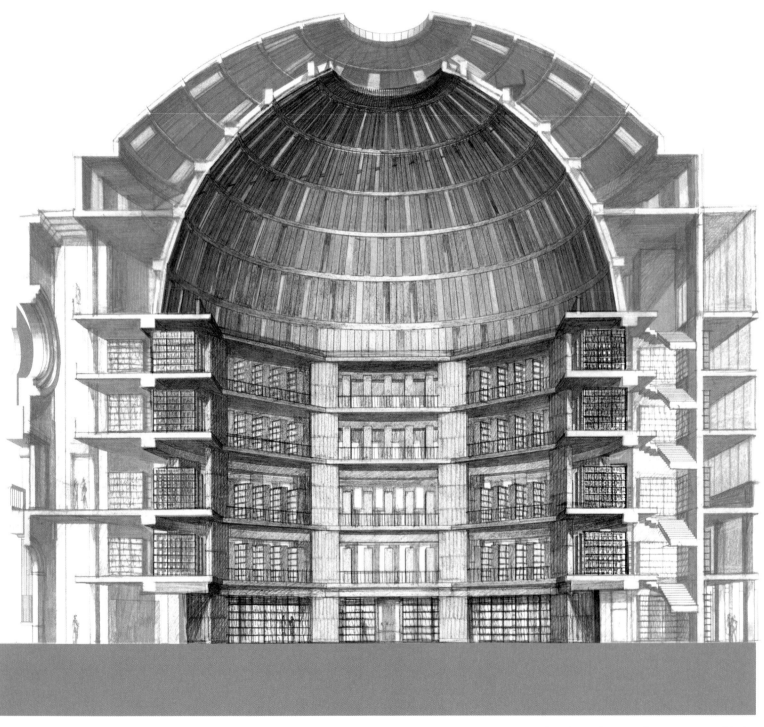

Zwischen der äußeren und inneren Kuppel befindet sich für Besucher zugänglich das ‚Gedächnis‘: eine spiralförmig nach oben führende Rampe mit den wichtigsten Namen der Kulturgeschichte.

Between the outer and inner domes is the "commemoration": a spiral shaped ramp leading upward with the most important names in cultural history.

Schnitt Lesesaal und Rara-Saal
mit Wintergärten

Section of the reading room and
Rara hall with winter gardens

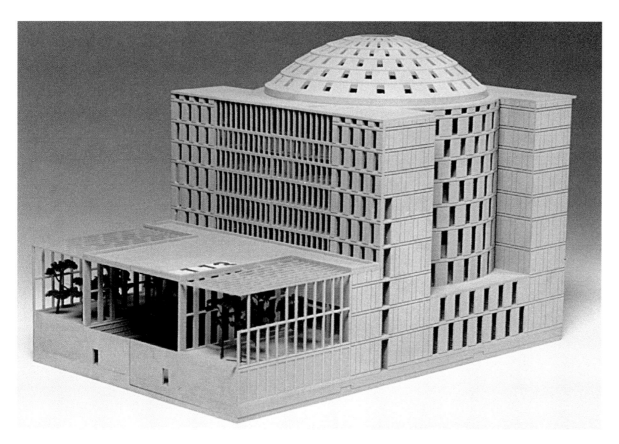

Rara-Saal mit längsseitigen
Wintergärten. Außenansicht
des zentralen Lesesaals

Rara hall with longitudinal
winter gardens. Outer view
of the central reading room

S.L.U.B. Sächsische Landes-
bibliothek, Staats- und
Universitätsbibliothek Dresden
S.L.U.B. Saxon Federal Library,
State and University Library
Dresden, 1996–2002

Mit dem Zusammenführen der Sächsischen Bibliotheken von Staat, Land und Universität ist eine Bibliothek von europäischer Bedeutung entstanden: Über sieben Millionen Bücher und Datenträger werden hier gespeichert.

Der Bau selbst zeigt sich mit zwei gleich großen Steinquadern, die einander gegenüber auf einer Rasenfläche liegen, umgeben vom Oval alter Winterlinden. Der Ort liegt dem Kopfbau der Technischen Universität vorgelagert und wurde bisher als Sportplatz genutzt. Was ihn besonders macht, ist die unerwartete Ruhe und subtile Feierlichkeit. Beides hängt mit dem Lindenkranz zusammen, der das Areal optisch nach außen abschirmt. In Erwartung einer bedeutenden Bibliothek wirken die beiden Steinquader nicht groß. Ihre Oberfläche setzt sich aus horizontalen Stein-Streifen zusammen, in die eine unregelmäßige Folge von vertikalen Streifen gefräst ist. Zusammen mit den Streifen der Fenster ergibt das eine flimmernde Textur, die den Baukörper als reduziertes geometrisches Objekt hervorkommen lässt, zugleich aber die genauere visuelle Identifizierung verweigert.

Zwischen beiden Quadern liegt, mit gleich großer Grundfläche, eine Glasebene, die bündig in den Rasen eingelassen ist: das Oberlicht des darunterliegenden drei Geschoss hohen Lesesaals. Dieser Lesesaal ist das Herzstück des dreigeschossigen Sockels, der sich unter der Rasenfläche über die gesamte Fläche des früheren Sportplatzes erstreckt. Die eigentliche Bibliothek mit all ihren Einrichtungen befindet sich hier auf rund 40'000 Quadratmetern.

Consolidation of the Saxon federal, state, and university libraries has given rise to a library of European significance: over seven million books and data media are stored here.

The building itself features two stone blocks of equal size facing each other across a lawn area, surrounded by an oval of small-leaved linden trees. The location, just off the Technical University's main building, was previously used as an athletic field. What makes the site special is the unexpected silence and subtly ceremonial character: both arise from the crown of linden trees that shield the view of the area from the outside. If one is anticipating a major library, the two rectangular blocks do not seem large. Their surface is composed of horizontal strips of stone into which an irregular series of vertical strips was countersunk. Combined with the strips of windows, this gives the building a glimmering texture, allowing it to appear as a reduced geometric object, while at the same time evading an exact visual identification.

Between the two stone blocks, on an equally large area, is a glass surface set flush with the lawn: this provides the top-lighting for the three-story reading room located below. The reading room is the heart of the three-story base that stretches under the lawn across the entire area of the former athletic field. The actual library with all of its furnishings is located here on approximately 40,000 square meters.

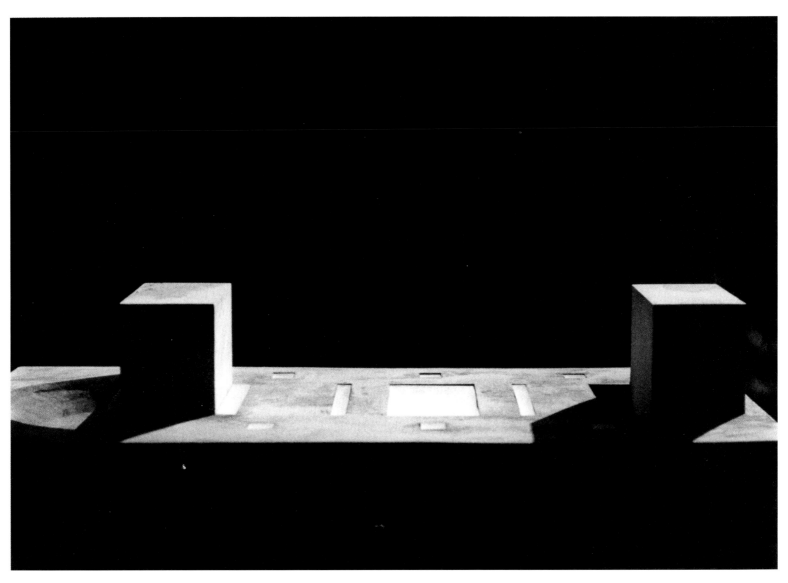

Die sichtbaren Baumassen. Der wesentliche Teil der Bibliothek erstreckt sich dreigeschoßig unter der Erde.

The visible building masses. The essential element of the library stretches three floors underground.

Lageplan. Die beiden Gebäudescheiben und das dazwischen liegende Glasfeld bilden eine große Skulptur.

Site plan. The building's two plates and the glass field between them form a large sculpture.

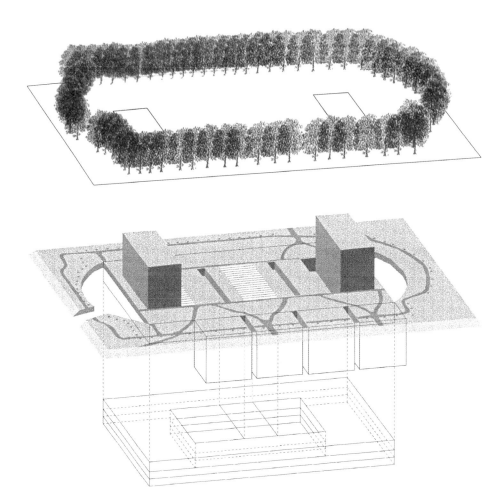

Schema der gestalterischen Elemente:
– Ring von Winterlinden, der den Ort nach außen abschirmt und ihm eine subtile Feierlichkeit verleiht
– Die Rasenebene mit den aufragenden Gebäudeteilen und der dazwischen liegenden Glasfläche des Lesesaaloberlichts
– Die unterirdischen Bibliotheksgeschosse mit dem zentralen Lesesaal

Scheme of the design elements:
– Ring of small-leaved linden trees that protect the site from the outside and lend it a subtle, festive air
– The lawn level with the towering building elements and the glass surface of the reading room's top lighting lying between
– The underground library floors with the central reading room

Längsschnitt. Links der arenaförmige Hof mit Besuchereingang, rechts der Anlieferhof für die Verwaltung. Besucher und Buch treffen sich von entgegengesetzten Seiten.

Longitudinal section. To the left is the arena-shaped courtyard with visitor entry, to the right is the delivery yard for the administration. Visitor and book meet from opposite sides.

135

Die Renderings von Franziska Megert erweisen sich als wichtiges Instrument zur Bestimmung der architektonischen Eigenheit des Gebäudes.

The renderings by Franziska Megert prove to be an important instrument for establishing the building's architectural uniqueness.

Renderings des Umgangs
um den zentralen Lesesaal

Renderings of the gallery
around the central reading
room

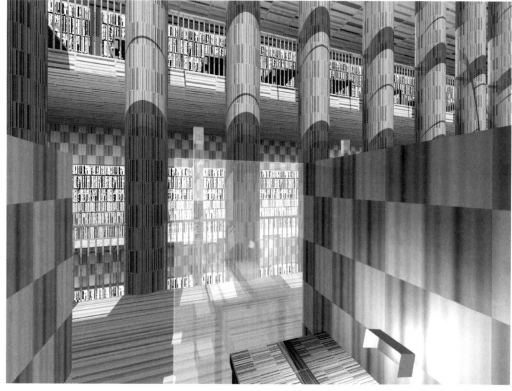

Schnittmodell. Innenwand
des Lesesaals mit äußeren
Umgängen

Sectional model. Inner
wall of the reading room
with outlying galleries

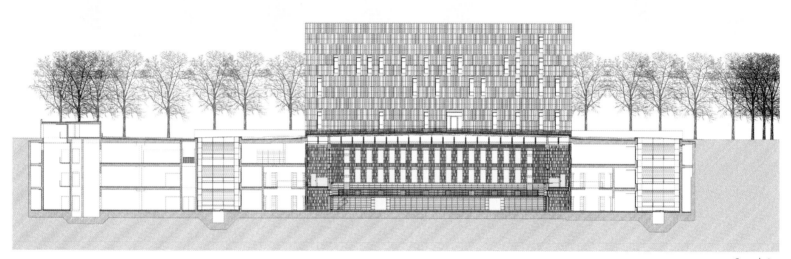

Querschnitt
Cross section

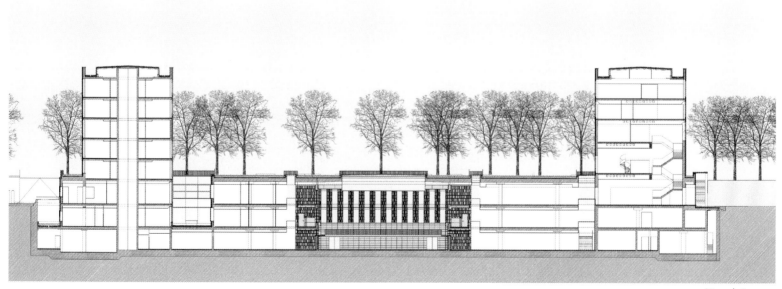

Längsschnitt
Longitudinal section

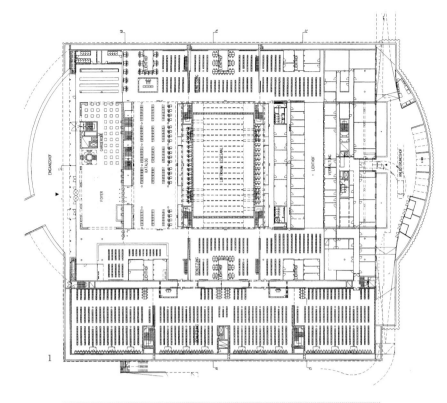

1

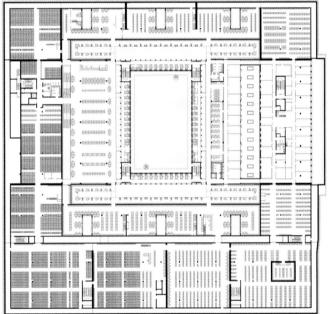

2

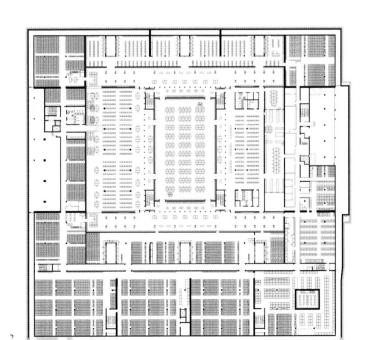

1 Eingangsebene mit Universitätsbibliothek
   und Katalogbereich
   Entry level with the university library
   and catalogue area

2 Magazinebene mit AV-Medien, Musik-
   sammlung und Zeitschriften
   Depot level with AV media, music
   collection, and periodicals

3 Magazinebene mit zentralem Lesesaal
   und den beiden Seitengalerien
   Depot level with central reading room

Blick vom Block der Verwaltung
zum Block der Sonderräume

View from the administrative
block to the block of additional
spaces

Block der Sonderräume
mit zweitem Eingang

Block of additional spaces
with second entry

Stirnseite. Block der
Verwaltung

Front side. Adminis-
trative block

144

Eine große Rasenfläche umgibt die aufragenden
Blöcke der unterirdischen Bibliothek. Der Ring von
Winterlinden schirmt das Areal nach außen ab.

A large lawn area surrounds the towering blocks
of the underground library. The ring of small-leaved
linden trees shields the area from the outside.

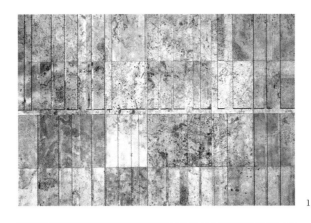

1

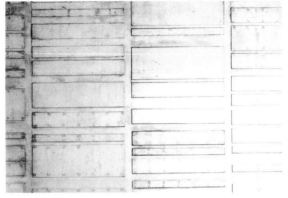

2

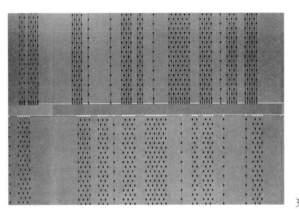

3

4

Material und Struktur

1 Steinfassade Thüringer Travertin
2 Betondeckenuntersicht
3 Holzverkleidung im Lesesaal
4 Holz im Lesesaal
5 Teppichboden mit
  Thüringer-Travertin-Musterung

Material and structure

1 Stone façade Thuringian Travertin
2 Concrete panel, underside view
3 Wood paneling in the reading room
4 Wood in the reading room
5 Carpeting with
  Thuringian-Travertin pattern

5

Galerie entlang des Lesesaals.
Untersicht der Betondecke im
Muster der Außenfassaden

Gallery along the reading room.
Underside view of the concrete
panel in the pattern of the outer
façade

Entrée mit Information und Schließfächern

Entry with information desk and lockers

Blick in den Schlitz der Buchförderanlage, die das gesamte Gebäude durchteilt

View into the slot of the book conveyor system that separates the entire building

Die Schließfachblöcke im Eingangsbereich aus der Sicht von Candida Höfer (Foto)

The block of lockers in the entry area as seen by Candida Höfer (photo)

Holzverkleidete Säulen, die
allseitig den Lesesaal umgeben

Wood-paneled columns that
surround the reading room on
all sides

Blick von der Empore in die
Galerie am Lesesaal

View from the gallery into the
reading room gallery

Blick in den dreigeschoßigen Lesesaal mit dem Oberlicht, das von außen bündig in der Rasenfläche zwischen den beiden Gebäudeblöcken liegt

View into the three-story reading room with top lighting that lies in the lawn flush between the two building blocks

Enigma Variations
Sophie Lovell

Wenn man bedenkt, dass Manfred und Laurids Ortners Sächsische Landesbibliothek, Staats- und Universitätsbibliothek (abgekürzt: S.L.U.B.) in Dresden eine der wichtigsten neuen Bibliotheken in Deutschland – wenn nicht in ganz Europa – ist, ist sie eigentlich in einer wenig attraktiven Ecke des Campus gelegen. Das Gebäude erstreckt sich auf einer langen, ovalen Erhebung, die von einer Reihe von Linden begrenzt wird und die aussieht, als ob sie zu den Überresten einer alten Festungsanlage gehöre. Tatsächlich markiert der Erdwall mit den Linden die frühere Grenze eines alten Sportplatzes. Nur das unablässige Kommen und Gehen von mit Büchern beladenen Studenten, die sich auf ihren Fahrrädern durch einen Durchgang auf dem Niveau der tiefer gelegenen Straße auf das Gebäude zu bewegen, gibt dem Besucher einen Hinweis darauf, wo sich die Bibliothek befindet. Wenn Sie sich dem Gebäude von der Seite nähern, wie ich es zuerst tat, indem ich über einen schmalen Pfad vom benachbarten Parkplatz der Fakultät ging, werden Sie von zwei rätselhaften rechteckigen Baukörpern begrüßt, die mit seltsam eingekerbtem Thüringer Travertin verkleidet sind und die sich über einem gekrümmten schwarzen See aus Glas gegenüberstehen. Von außen sieht dieses Ensemble nicht so aus, als könne es sieben Millionen Bücher beherbergen. Erst bei genauerer Begutachtung der Anlage entdeckt man, dass die beiden moderaten Kuben, die sich wie zwei abstrakte Sphinxe gegenseitig ansehen, lediglich so etwas wie übergroße Pförtnerhäuser sind, welche die Caféteria, einen Veranstaltungsraum, Räume für die Buchrestaurierung

Enigma Variations
by Sophie Lovell

Considering that Manfred and Laurids Ortner's *Sächsische Landesbibliothek, Staats- und Universitätsbibliothek* (S.L.U.B., for short) in Dresden is one of the most important new libraries in Germany – if not the whole of Europe – it is situated in a rather unprepossessing corner of the city's university campus. The building crouches behind a long, oval-shaped earth embankment topped with a line of linden trees that looks like it could be some ancient ruined fort. In actual fact the raised mound marks nothing more dramatic than the former boundary of an old playing field. Only a steady stream of book-laden students on bicycles flowing through a break in the battlements at street level gives any clue to the first-time visitor seeking the library's whereabouts. If you approach the building from the side, as I first did, up a narrow path from the neighbouring faculty car park, you are greeted by two enigmatic rectangular blocks clad in strangely notched travertine facing one another across a curved black lake of glass. From the outside, this ensemble doesn't look big enough to write its own name on let alone house seven million books. Only closer inspection reveals that the two modestly-sized buildings facing one another like a pair of abstract sphinxes are merely gatehouses containing the Caféteria, lecture room, restoration and administration offices. The library itself (all 40,000 square metres of it) is down below – under the glass lake.

The surprisingly low profile of the S.L.U.B. was dictated by a number of elements: Firstly, there was the sheer practical problem of needing to construct a building

und Büros der Verwaltung enthalten. Die Bibliothek selbst, und zwar die ganzen 40'000 Quadratmeter Fläche, befindet sich darunter – unter dem Glassee.

Für das überraschend kleine Profil der S.L.U.B. gibt es verschiedene Gründe: Zunächst bestand ein ganz praktisches Problem darin, ein Gebäude zu errichten, das groß genug ist, um drei Bibliotheken unter einem Dach aufzunehmen. Die Sammlung der S.L.U.B. ist nämlich ein Zusammenschluss der Sächsischen Landesbibliothek, die bis ins Jahr 1556 zurückdatiert werden kann, und der Bibliothek der TU Dresden, die 1828 gegründet wurde. Die beiden ursprünglichen Gebäude fielen dem Bombenangriff im Zweiten Weltkrieg zum Opfer. Damals verbrannten viele Bücher, andere gingen durch Plünderungen der sowjetischen Armee verloren. Die restlichen Bestände wurden auf nicht weniger als 65 Standorte in verschiedene Archive und alte Gemäuer überall auf dem Universitätsgelände und in der Stadt verteilt – eine 500 Jahre alte Ansammlung von geistigen Schätzen, vergraben in 65 Hinterhöfen! Auf diese Weise überdauerten die verbleibenden Bücher die lange Zeit der deutschen Teilung, wobei die Behelfsbibliotheken noch immer funktionierten, bis zu ihrer Vereinigung in der neu erbauten S.L.U.B. im Jahr 2002.

Ein weiterer wichtiger Faktor für die Gestaltung der neuen Bibliothek war das ungewöhnlich erhöhte Gelände, das von der Straße durch den großartigen Ring von Linden abgeschirmt ist, was der Anlage einen stark naturbelassenen Charakter in

huge enough to house three libraries under one roof. The S.L.U.B. collection is an amalgamation of the Saxon Federal State Library, which dates back to 1556, and the Library of the Dresden University of Technology, which was founded in 1828. Both original buildings were destroyed during the bombing of Dresden in the Second World War and many of the books were lost in the fires or plundered by the Soviet Army. Those that remained were divided into as many as 65 different groups and stashed in a variety of archives and old barracks all over the University campus and the rest of the city – a five hundred year-old accumulation of intellectual wealth buried, as it were, in 65 backyards. They remained that way, still functioning as libraries of sorts, all through the long years of the division of Germany until their re-unification in the completed S.L.U.B. building in 2002.

Another major factor to affect the form of the new library was the unusually elevated site shielded from the street by this magnificent ring of mature linden trees and the embankment, which comprised a strong natural feature in an otherwise rather dull local topography. Any regular 40,000 square metre building holding three libraries plus the necessary administration offices, service facilities and archives in this location would almost certainly have required levelling the site and removing the trees just to squeeze everything in. The building itself would also have to be huge and therein lay the third problem: that having been the victim of some

einer ansonsten eher langweiligen Umgebung gibt. Ein Gebäude mit 40'000 Quadratmetern Umfang, das drei Bibliotheken mitsamt der notwendigen Verwaltungsbüros, der Diensträume und Archive beherbergt, hätte es erforderlich gemacht, das Gelände einzuebnen und die Bäume zu entfernen. Ein solches Gebäude hätte von riesigem Ausmaß sein müssen, und dies ist ein weiteres Problem: Da die sächsische Hauptstadt Opfer einiger Bausünden der Nachkriegszeit war, reagiert die Stadt gereizt auf gewaltige architektonische Vorhaben. Als Ortner & Ortner deshalb an dem vom sächsischen Freistaat ausgeschriebenen Wettbewerb teilnahmen, beschlossen sie klugerweise, ihr Licht unter den Scheffel zu stellen. Ihr Entwurf war der Einzige mit einer unterirdischen Lösung: ,Wir gewannen nur, weil wir das Gebäude unterirdisch bauen wollten', sagt Manfred Ortner offen. ,Alle anderen hätten hier einen gigantischen Klopper hingesetzt.'

Obgleich die S.L.U.B. so riesig ist und dennoch kaum vorhanden zu sein scheint (Laurids Ortner vergleicht sie mit einem U-Boot und die beiden überirdischen Elemente mit dessen Periskopen), ist sie weniger ein bescheidenes als vielmehr ein geheimnisvolles Gebäude – ein Rätsel. Über dem Boden enthält die perfekte Symmetrie eine geheimnisvolle Bedeutung, aber man ist nicht sicher, was für eine Bedeutung das ist. Es gibt keine großen Eingänge, keine offensichtlichen Wegweiser und keine beunruhigenden Details. Das warme Rotbraun der Travertin-Verkleidung ist nicht glatt, sondern hat eine unregelmäßige, schwammartige Oberfläche,

decidedly dodgy post-war, pre-fab developments, the Saxon capital is somewhat touchy about large contemporary architectural statements. Therefore, when Ortner & Ortner entered the competition held by the Free State of Saxony for the commission to build the new library in 1995, they rather cunningly decided to hide their light under a large bushel: "We only won because we put the building underground," says Manfred Ortner candidly, "all the others would have put up a gigantic *klopper* there." Their design was the only one to come up with a subterranean solution.

Although the S.L.U.B. is so large and yet hardly seems to be there (Laurids Ortner likens it to a submarine and the two superterranean elements to "the periscopes of a U-boat"), it is not so much a modest building as a secretive one – a conundrum. Above ground the perfect symmetry of the composition is somehow laden with meaning although one is not entirely sure what that meaning is. There are no grand doorways, no obvious signage and no distracting details. The warm, pinkish brown of the local Thuringian travertine cladding is not smooth but has an irregular, sponge-like surface pocked and riddled with holes and scars formed over aeons in slow dripping caves. Carved into this surface are serried ranks of vertical lines resembling product bar codes or the spines of books stacked along shelves. They look as if they are intended to be deciphered in some way and give the impression, says

gesprenkelt mit Löchern und von tiefen Kerben durchzogen. In diese Oberfläche sind dichte Reihen von vertikalen Linien eingeritzt, die wie Strichkodes wirken oder Buchrücken gleichen, die auf einem Bücherbord stehen. Ihr Aussehen scheint geradezu nach Enträtselung zu rufen, denn sie erwecken den Eindruck, so Laurids Ortner, ,dass auf dem Gebäude irgendetwas geschrieben steht, das man lesen könnte, wenn man nur wüsste, in welchem Alphabet es geschrieben ist.' Sogar die schmucklosen Fenster sind unregelmäßig platzierte Schlitze in den Fassaden der Gebäude. Die Geometrie ist klassisch und wirkt vertraut, aber die in solchen Gebäuden häufig zu findende Botschaft von zivilem Stolz, politischer Macht und Gönnerschaft fehlt. Die unregelmäßige Oberfläche des Steines saugt das Licht auf und wirft es in einem warmen, schimmernden Schein zurück. Im Gegensatz dazu fängt das dunkle, leicht gewölbte Glas zwischen den beiden Türmen den Himmel ein und verschleiert sich selbst hinter den Reflexionen des Lichts.

Dass das Glas aussieht wie ein See, ,ist einfach passiert', bemerkt Laurids, aber alles andere war beabsichtigt: ,Wir haben es mit einer Komposition einfacher Baukörper zu tun, die das Denken anregen, gerade weil eine offenkundige Bedeutung sich nicht erschließt – sie ist wie ein Kode. Auch eine Pyramide hat an sich keine Bedeutung, aber man kann viel in sie hineininterpretieren. Die Sprache dieses Gebäudes soll rückwärts in die Vergangenheit und vorwärts in die Zukunft zu lesen sein.' Trotz des Fehlens von Biegungen, Fensterstürzen, Bögen und Ornamenten

Laurids, "that something is really written on the building, something which you could read, if only you knew which alphabet it was written in". Even the unadorned windows are irregularly placed slots in the faces of the buildings. The geometry is classical and familiar but the usual messages of civic pride, political power and patronage often found in this kind of building are just not there. The irregular surface of the stone catches and soaks up light, throwing it back in a warm, shimmering glow. In contrast, the dark, slightly domed expanse of glass between the buildings catches the sky and camouflages itself in a cloak of reflections.

That the glass looks like a lake "just happened", says Laurids, but everything else, was intentional: "This is a composition of simple bodies that encourage thinking because of the lack of obvious meaning – like a code. A pyramid also has no meaning as such but things will be read into it. The whole language of this building is intended to be read both backwards into the past and forwards into the future". Despite the lack of curves, lintels, arches and ornaments, this composition is by no means a minimal one, there is too much warmth and richness in texture – too much aura: "We are nothing to do with Minimalism," emphasises Laurids, "this is just a specific play between the elements". One could call it the thinking man's modern.

kann diese Komposition auf keinen Fall als minimalistisch bezeichnet werden, dafür ist sie zu reichhaltig angelegt und hat zu viel Atmosphäre. ‚Wir haben mit Minimalismus nichts zu tun‘, betont denn auch Laurids, ‚dies hier ist ein ganz spezifisches Spiel der verschiedenen Elemente miteinander.‘ Man könnte es die Moderne des denkenden Menschen nennen.

Da das Gelände wie ein abgeplatteter Hügel ist, begibt man sich, wenn man das Gebäude durch den Haupteingang auf Straßenniveau betritt, in Wahrheit in das erste Untergeschoß. Die größte Überraschung dabei ist die unglaubliche Lichtfülle, die den Besucher empfängt. Die weißen Wände und die horizontalen Ebenen der Eingangshalle lassen viel Platz für die satten braunen Töne der vertikal orientierten Holzpaneele in der Bibliothek selbst, und so kann natürliches Licht durch eine raffinierte Ansammlung von Oberlichtern und Schlitzen hereinfallen. An einem sonnigen Tag strömt das Licht in scharf fokussierten Strahlen durch die Räume von doppelter und dreifacher Höhe und legt seine eigene durchsichtige Geometrie über die der Gänge, Pfeiler und Nischen. Es fällt in Kaskaden von schimmernden Vorhängen über Galerien und beleuchtet die kilometerlangen Bücherwände. Hier werden die Betrachtungen, die der Besucher schon beim Anblick des Äußeren angestellt haben mag, durch die Raffinesse der Architekten und die von ihnen geschaffene Atmosphäre vertieft. Wie das Äußere des Gebäudes verströmt auch das Innere eine große Aura, aber hier ist sie mit der altmodischen Anziehungskraft gebundener Bücher gewürzt.

Because the site is like a flattened hill, entering the S.L.U.B. by the main entrance at street level means that you are already entering the first of the underground levels and so the biggest surprise is how incredibly flooded with light it is. As the white walls and horizontal planes of the entrance hall give way to the rich brown tones of vertically oriented wood panelling in the library itself, natural light filters in from an ingenious collection of skylights, roof spaces and slits. On a sunny day it pours in sharply focused shafts down through double and triple height spaces and lays an entire translucent geometry of its own over that of the galleried walkways, pillars and niches, and cascades in shimmering curtains over balconies, illuminating kilometres of continuous shelving. Here, the thinking that the visitor has been encouraged to begin outside is nurtured and cosseted with all the tools and ambience that the architects could muster. Again, like outside, the aura of the building is strong but here it is heavily laced with the aura of books and the old-world power of hardcover hard copy.

Ortner & Ortner are specialists in cultural buildings. Their palette of classical references teamed with absolutely up-to-date materials and appropriate technologies makes the S.L.U.B. library interior a deeply satisfying space. The proportions lend an ancient note but there is nothing pastiche, theatrical or even nostalgic about

Ortner & Ortner sind Spezialisten für kulturelle Bauten. Ihre vielen klassischen Referenzen lassen zusammen mit aktuellen Materialien und geeigneten Techniken das Innere der S.L.U.B. zu einem zutiefst befriedigenden Ort werden. Die Proportionen verleihen der Bibliothek eine alte Note, aber sie wirkt weder theatralisch noch nostalgisch. Sie weist sogar Spuren von byzantinischen Elementen auf – aber ohne Bögen und Gewölbe. So wie die äußere weigert sich auch die innere Architektur, in Kategorien gepackt zu werden, huldigt aber eindeutig jahrtausendealten klassischen architektonischen Proportionen.

Es ist offenkundig, dass Laurids wie auch Manfred Ortner große Liebhaber des Lernens und speziell der Bücher sind. ‚Bücher sind die wertvollste Form, eine Wand zu verkleiden‘, sagen sie, ‚jedes Buch enthält eine ganze Welt.‘ In ihren eigenen Beschreibungen der S.L.U.B. schenken sie der ‚großen vibrierenden Energie‘, welche in den hier gelagerten Büchern steckt, besondere Beachtung. Sie sprechen davon, wie diese Energie durch die Bücher ‚durchschimmert‘, und dieses Schimmern scheint sich in dem Muster der in den Regalen lagernden Buchrücken, in den Pfeilern und in den mit MDF-Platten verkleideten Wänden widerzuspiegeln. MDF (mitteldichte Faserplatte) ist ein Holzwerkstoff aus Abfallholz, der hier poliert und in einem warmen Braunton lackiert wurde und so die vornehme Ausstrahlung von solidem Hartholz erreicht hat.

the reminder. There is only a slight sense of a curiously stripped down nod towards the Byzantine – but without the arches and domes. Just like the exterior, the interior architecture refuses to be categorised but is most definitely paying homage to millennia of classical architectural proportion.
It is quiet clear that Laurids and Manfred are great lovers of learning and most especially of books. "Books are the single most valuable form of cladding for a wall," they say, "each contains a complete world". In their own descriptions of the S.L.U.B. they pay particular attention to the "deep and vibrating energy" within the books stored there. They talk about how the books "shimmer" with this energy and this shimmering seems to be echoed in the book-spine patterns of the shelving, pillars and wall surfaces formed from MDF: a humble material of reconstituted chips of wood that here (buffed and stained a rich brown colour) attains the noble warmth and atmosphere of solid hardwood.

Repetition, a typical feature in Ortner & Ortner's repertoire, is used to good effect in the S.L.U.B. library: enhancing the monumental scale, yet relieving the austerity of the regular symmetry. The windows, book-cases, benches, archways and one thousand individual work stations are all arranged in sets of multiples that seem to go on and on. Repetition also features in the aforementioned striped book-spine

Das Prinzip Wiederholung, oft genutzt in Ortner & Ortners Repertoire, ist auch bei der S.L.U.B. mit großem Erfolg eingesetzt worden: Es steigert den Eindruck von Monumentalität, wirkt aber mäßigend auf die Strenge der Symmetrie. Die Anordnung der Fenster, Bücherregale, Sitzbänke, Bogengänge und der tausend individuellen Arbeitsplätze wiederholt sich immer wieder. Wiederholung kennzeichnet auch das oben erwähnte buchrückenartig gestreifte Muster, das die verschiedenen Oberflächen strukturiert. Dieses relativ einfache Muster variiert zwar je nach Ort oder Fläche, zieht sich jedoch innen und außen über das gesamte Gebäude hin, über die Wände zu den Parkettböden, den dicken Teppichen und sogar zu den Abständen zwischen den Fenstern. Es ist ein Symbol, das die Architekten in ihren Museumsgebäuden in Wien und auch hier mit großem Effekt verwendet haben. Es betont, dass die Bücher das eigentliche Material des Gebäudes sind.

Da das Gebäude der S.L.U.B. zu großen Teilen unterirdisch angelegt ist und keine sichtbare äußere Struktur hat, richtet sich die ganze Aufmerksamkeit auf das Innere. So gab es für die Architekten nur wenige äußere Beschränkungen, und sie konnten sich darauf konzentrieren, den Besucher nach innen in das Herz der Bibliothek zu ziehen. Hier ist es erneut ihre clevere Inszenierung des von oben hereinfallenden Tageslichts, die den zentralen Raum eindrucksvoll in Szene setzt. Wir finden einen majestätischen Lesesaal vor, der wegen der Lichtschleier wie eine Lichtung in einem alten Wald erscheint. Dieses Herzstück des Gebäudes erstreckt sich über drei

ornamentation that provides texture to the various surfaces. This relatively simple pattern varies according to location or surface but is continuous throughout the fabric of the building, both inside and out, from the walls to the parquet floors, thick carpets and even the intervals of the windows. It is a symbolic feature that the architects used in their MuseumsQuartier buildings in Vienna and here – with the emphasis being that books are the very fabric of the building – to great effect.

Being underground, the entire focus of the S.L.U.B. building is introspective. Since the majority of the structure has no visible exterior it has few external constraints and the architects have concentrated on pulling the visitor inwards towards the heart of the library. Here again, it is their clever orchestration of daylight from above that results in the impressive *mise en scène* of the central chamber. Here we come upon a majestic reading room which appears through the veils of light like a clearing in an ancient forest. The floor of this core space is three stories below ground level yet the dark black lake that was encountered outside is now magically transformed into a vibrant, white canopy as the daylight is filtered through electrochromatic glass and then a diffusing expanse of semi-translucent fabric to fill the 11,300 cubic metre space below in a soft, uniform glow.

Stockwerke unter dem Erdgeschoß. Der von außen sichtbare, dunkle schwarze See hat sich im Inneren auf wundersame Art und Weise in einen schwingenden weißen Baldachin verwandelt. Das Tageslicht wird erst durch elektrochromatisches Glas und dann durch einen diffundierenden, halb lichtdurchlässigen Stoff gefiltert, um die unter der Glasdecke liegenden 11'300 Kubikmeter Raum mit einem einheitlichen, weichen Leuchten zu erfüllen.

Jahrzehntelang, sagen Ortner & Ortner, wurden große Hallen, wie sie die alte British Library in beispielhafter Weise verkörpert, gering geschätzt. Modern waren dezentralisierte Lesezonen mit Sitzplätzen an den Fenstern. Solche ‚privaten' Arbeitsplätze entsprachen dem individuellen Ansatz dieser Säle. Der Lesesaal der S.L.U.B. besitzt 250 benutzergerechte Arbeitsplätze, ein jeder mit Internetan -schluss und Tischlampe. Der große Raum ist sicherlich nicht nur auf das Individuum zugeschnitten, aber trotz seiner Monumentalität wirkt er auch nicht einschüchternd. Hier wurde der Versuch gemacht, die Analogie eines Tempels zu errichten – die eines Lerntempels. Dieser Tempel ist ein durch und durch demokratischer Raum. Jeder kann sich dort niederlassen und die Macht des Wissens aus dem reichen Fundus der allgegenwärtigen Bücher ziehen. Der Raum ist wie ein unterirdisches Atrium gestaltet, um das sich innere Fenster, Bücherregale, Säulen und Galerien gruppieren. Die Akustik ist angemessen gedämpft, denn es ist ein Ort, an dem man sich selbst Denken hören kann, ein Ort, der nach strengen

For decades, say Ortner & Ortner, the great hall as epitomised by that of the old British Library has been scorned. The fashion has tended towards decentralised "reading zones" with window seats. Private spaces scaled to the individual. The S.L.U.B. library reading room has 250 custom-designed work-stations each with their own Internet connection and desk lamp. The grand scale is most certainly not tailored exclusively to the individual, but it is not intimidating in its monumentality either. There is a temptation to make the analogy with a temple here – a temple to learning. But that would imply subordination to a higher power and this is a democratic space: one where anyone can sit and extract power in the form of knowledge from the vast depot that surrounds them. The space functions like a subterranean atrium with interior windows, bookcases, pillars and galleries tiered around it and the acoustics are appropriately hushed: It is a place to hear yourself think. A place that just begs for stern librarians with twin-sets and sensible shoes and the rustle of slowly turned pages.
Delusions of grandeur are also dispelled by the transition from the apparently elegant materials in the reading and studying areas at the core of the underground building to the functional at its perimeters. Beyond the cloister-like walkways surrounding the reading room, the polished MDF cladding gives way to smooth concrete walls and the machinery of the building begins to surface. Instead of shafts of

Bibliothekaren in Twinsets und Kreppsohlen und nach dem Rascheln langsam umgeblätterter Seiten verlangt.

Der Eindruck von Großartigkeit schwindet, wenn man von den eleganten Materialien des Lese- und Studierbereiches im Herzen des unterirdischen Gebäudes zu den Funktionsbereichen an der Peripherie gelangt. Hinter den kreuzgangähnlichen Gängen, die den Lesesaal umgeben, werden die aus MDF gefertigten Wände durch glatte Betonwände ersetzt, und die Maschinerie des Gebäudes tritt zutage. Statt Säulen von Tageslicht ziehen sich nun Röhren, Kabel und Leitungen an den Decken der Archivräume entlang. Das Tageslicht ist durch künstliches Licht ersetzt, und das Gebäude enthüllt sich selbst als komplexe und sorgfältig gesteuerte Maschine. Weiter außen, im Administrationsbereich direkt an der Außenhülle, erwachen die Metallschienen des Buchbeförderungssystems von Zeit zu Zeit mit lautem Rappeln, wenn Behälter mit Büchern und Dokumenten, die für entfernte Abteilungen bestimmt sind, an den Decken entlang transportiert werden. Die Archivräume mit begrenzter Zutrittserlaubnis, in denen wertvolle Dokumente aufbewahrt werden, sind so funktionell wie ein unterirdisches Parkhaus. Die automatischen Brandschutztüren (mit ihren Warnschildern, die vor den Gefahren des auf Gas basierenden Feuerlöschsystems warnen) rufen dem Besucher Laurids Ortners Vergleich mit einem U-Boot ins Gedächtnis, obwohl die ganze Hightech-Einrichtung eher an ein

daylight, pipes, cables and ducts thread their way through the ceilings of the archive rooms. The natural light is replaced by artificial light and the building reveals itself to be a complex and carefully regulated machine. Further out, in the administration level, closest to the hull, the metal tracks of the library's book conveyor system rattle into life at intervals as containers of volumes and documents shoot along ceilings bound for distant departments. The restricted access to the archives stacked with precious documents are as functional as an underground car park. The automated sliding fire doors (complete with danger signs warning of the perils of the gas-based extinguishing system to any human foolish enough to linger in the event of a fire) bring back memories of Laurids' analogy with a submarine – although all the high-tech points to something rather closer to a spaceship. The machinery that keeps the library, its contents and its occupants supplied with oxygen, warmth, light and power – the organism of the building – is never completely hidden. For those that work in the S.L.U.B. or spend significant amounts of time in the library, it is as much a part of their experience as the leather seating and elegant light fittings.

The S.L.U.B. is a successful building in that it meets its mandate head on. It is a stately library that combines the warmth and comfort of a place of study with an efficient storage space and a majestic persona. It is such a pleasure in our laptop-laden, mobile, cable-free, technological world to find a great new building dedicated

Raumschiff erinnert. Die Maschinerie, welche die Bibliothek, ihren Inhalt und ihre Benutzer mit Luft, Wärme, Licht und Strom versorgt, der Organismus des Gebäudes also, wird nie vollständig verborgen. Für diejenigen, die in der S.L.U.B. arbeiten oder längere Zeit in der Bibliothek verbringen, gehört dies so selbstverständlich dazu wie die Ledersitze und die eleganten Beleuchtungskörper.

Die Sächsische Landesbibliothek, Staats- und Universitätsbibliothek ist ein gelungenes Gebäude, da es seiner Bezeichnung gerecht wird. Es ist eine Staatsbibliothek, die die Wärme und Behaglichkeit eines Ortes der Studien mit einem effizienten Lagerraum und einer majestätischen Gestalt vereint. Es ist eine wahre Freude, in unserer von Laptops dominierten, mobilen, kabelfreien und technologiegläubigen Welt ein großartiges neues Bauwerk zu finden, das dem Genuss von schweren, unpraktischen, muffigen, altmodischen, aber doch so wunderbaren Büchern gewidmet ist. Zu Beginn einer Epoche, in der unsere Gebäude vom Objekt zum Organismus mutieren, in der aus Wänden ‚Membrane' werden, Glas ‚intelligent' ist und Beton ein Hightechproduk, ist es ein Trost zu wissen, dass wir das alles haben und trotzdem noch immer aus fünftausendjähriger Erfahrung in der Architektur lernen und auf ihr aufbauen können.

——

to the enjoyment of lovely, fusty, heavy, impractical, old-fashioned and gloriously tactile books. At the beginning of the era in which our buildings are making the transition from object to organism: where walls become "membranes", glass is "intelligent" and concrete "high tech", it is also a solace to know that we can have all of that and still find room to continue to learn from and build upon five thousand years worth of architectural experience as well.

——

MUSEUM
MUSEUM

Schauort, Bildsammlung, Speicher

Show, Collection, Repository

P a t i n a — Bauten brauchen das Altern, um ihre volle Qualität zu erlangen. Die Zeit arbeitet die Bauten nach, macht sie feiner und dichter. Sie glättet, rauht auf, färbt, bleicht in Nuancen. Die Abnützung hinterlässt ihre Muster; wuchernde Ornamente auf seidig gewordenen Flächen. Feinste Abtönungen in Grau ziehen den Bau als Ganzes zusammen, eine Haut ohne benennbare Eigenschaften, die auch Gegensätzliches, Ungereimtes, Disparates mit einbezieht. Der Bau verdichtet sich als Ganzes, nimmt in seine Materialien das ganze Geschehen auf, das um ihn, in ihm abläuft. Dieser Prozess des Reifens bedarf vor allem natürlicher Materialien: Die Mikrokulturen des Alterns brauchen einen dauerhaften Boden, um sich festsetzen und in langen Phasen entwickeln zu können. Baumaterialien wie Glas und Kunststoff ist eine gnadenlose Resistenz gegen Veränderung eingeimpft. Sie sind nur beschränkt verwendbar.

P a t i n a — Structures must age to reach their true quality. Time reworks buildings, makes them finer and more condensed. It smoothes, roughens, colors, and bleaches in nuances. The wear and tear leaves behind its pattern; rampant ornaments on silkened surfaces. The finest gradations in gray pull the building together as a whole, a skin void of identifiable qualities, which also integrates opposites, inconsistencies, and disparate elements. The building solidifies as a whole; recording in its material all of the happenings that are going on around and within it. This process of maturing requires, first and foremost, natural materials. The microcultures of aging demand a durable base to establish and evolve over long phases. Building materials such as glass and plastic are immunized with a merciless resistance to change. They are for limited use only.

Image noire — Das historische Paris hatte sich schwarz verfärbt. Eine 150 Jahre alte Kruste aus Staub und Russ überzog alles Gebaute und schuf einen malerischen, dunklen Koloss, dessen Einzelteile nun aus einem Guss waren. André Malraux, Kultusminister der Regierung von Charles DeGaulle, ordnete Ende der 1950er Jahre eine umfassende Gebäudereinigung an. Mit einem neu entwickelten Wasserstrahlverfahren wurden Fassaden, Skulpturen, Balustraden, Freitreppen und Denkmäler gesäubert bis das ursprüngliche Material freigelegt war. Beseitigt wurden die Spuren eines natürlichen Prozesses, der über viele Jahre ein authentisches schwarzes Gesamtwerk hervorgebracht hatte und die Stadt als homogene Figur erscheinen ließ. Die Kerne der europäischen Städte werden seit damals gereinigt und periodisch in den Zustand von frisch Errichtetem versetzt.

Image noire — Historical Paris had turned black. A 150-year-old crust of dust and soot covered every built structure, creating an artistic, dark colossus whose individual parts appeared to be all cast from the same mold. In the late 1950s, the cultural minister in the Charles DeGaulle government André Malraux ordered a comprehensive cleansing of the buildings. With a newly developed water-jet process, façades, sculptures, balustrades, outdoor stairways, and memorials were cleaned until the original material was exposed. Removed were the traces of a natural process that had produced an authentic, black gesamtkunstwerk over the course of many years and allowed the city to appear as a homogeneous figure. Since then, the centers of European cities are periodically cleaned and put back to a freshly built state.

M e m e n t o — Auf die Brust tätowiert,
um es jeden Morgen im Spiegel zu sehen:
Nichts erfinden.
Nichts erklären.
Nur beschreiben.

M e m e n t o — Tattooed on the chest
to see every morning in the mirror:
Don't invent.
Don't explain.
Just describe.

verschachtelt — Was über die Jahre gewachsen ist, den Veränderungen angepasst wurde, verschachtelt sich quasi von selbst. Geplant wurde immer nur der nächste Schritt, das Übrige war da, und es war sinnvoll, damit weiterzumachen. Bei der Anbindung von neuen Bauteilen an das Bestehende ergeben sich Übergänge, die mit dem erlernten Repertoire von sauberer konstruktiver Trennung und klarer Raumorganisation wenig zu tun haben. Alles denkbar Unmögliche trifft aufeinander. Nichts stimmt. Eine architektonische Figur entsteht, deren Zauber darin liegt, dass sie so nie geplant werden konnte.

eclectic — That which has evolved over the years, adapted to the changes, becomes convoluted of its own accord, as it were. Planned is always just the next step; the rest was there, and it made sense to continue with it. By connecting new parts to an existing building, transitions arise that have little to do with the learned repertoire of clean, constructive separation and clear, spatial organization. All conceivable impossibilities come together. Nothing is right. An architectural figure emerges whose magic is that it would be impossible to have ever planned it that way.

Wie ein Museum sein soll (1) — *Die Museumsarchitektur müsste die Größe besitzen, sich so angelegt darzustellen, daß Kunst in ihr möglich ist, ohne daß sie durch eigenen Anspruch Kunst vertreibt.* [1]

(2) — *Als der achtzehnjährige Goethe im Februar 1768 die Dresdener Gemäldegalerie betrat, überwältigten ihn Gefühle der Feierlichkeit. Die Galerie, die damals im Stallgebäude auf dem Judenhof untergebracht war, gilt ihm als ,Heiligtum'. Zur andachtsvollen Erhebung tragen nicht nur die einstmals sakralen Kunstgegenstände bei, sondern auch die Umgebung, in der sie jetzt aufbewahrt werden: die Pracht, Reinlichkeit und Stille der Säle, der Goldglanz der Rahmen, sogar der Geruch des gewachsten Fußbodens. Das Museum war der Tempel, die Kunst anbetungswürdig.* [2]

How a museum should be (1) — *Museum architecture must be great enough to present itself in such a way that art is possible within it, without driving away art through its own pretense.* [1]

(2) — *As the eighteen-year-old Goethe entered the Dresden painting gallery in February 1768, he was overcome by a sense of celebration. He considered the gallery, which at the time was housed in the stalls in the Judenhof, to be a "shrine." Contributing to his rapt exaltation were not only the once sacred art objects, but also the surroundings in which they were now kept: the grandeur, purity, and silence of the halls, the golden brilliance of the frames, even the scent of the waxed floor. The museum was the temple, the art worthy of worship.* [2]

1 Markus Lüpertz, 1987

2 Wolfgang Pehnt, *Das Museum als Ausstellungsgegenstand*, 1989

Geschichte — Der Fotograf Lartique ist der Historiker nach unserem Geschmack. Seit ihm sein Vater zum sechsten Geburtstag eine Kamera geschenkt hatte, fotografierte er das, was um ihn herum geschah: Ein privates Leben mit Frauen und Freunden an modänen Orten. 128 Alben sind dabei entstanden, die er vor seinem Tod dem französischen Staat vermachte. Die Bilder zählen zum Besten, was mit Kameras gemacht wurde: Eine ungekünstelte Lebendigkeit sprüht aus ihnen, katzenartig gelassen, immer zufällig und gut gelaunt. So schaut der Stoff der Geschichte aus: festzuhalten ist zu allererst, was persönlich zählt. Und alles, was sich nicht zu seiner Zeit als wichtig darstellen ließ, war nie vorhanden. Die Geschichte entdeckt nichts neu.

History — The photographer Jacques-Henri Lartigue is our kind of historian. Upon receiving a camera from his father for his sixth birthday, from that time on, he took photos of what happened around him: a private life with lovers and friends in glamorous places. He compiled a total of 128 albums, which he bequeathed to the French Republic before his death. The photos are among the best ever taken by a camera: they effuse a genuine vitality, are left feline, always random, and always good humored. This is what the stuff of history looks like. What should be recorded, first and foremost, is what matters personally. And everything that could not be depicted as important in his day was never there in the first place. History does not discover anything new.

B a u p h y s i k (1) — Von allen Medien, die uns zu fassen versuchen, hat die Baukunst allein die Möglichkeit, von allen Seiten auf alle Sinne zu wirken und diese Wirkung nachhaltig über einen langen Zeitraum andauern zu lassen.[3]

(2) — Die Speicherfähigkeit ist eine wesentliche Eigenschaft der Baukunst. Komplexer als andere Medien kann sie unterschiedliche Erfahrungen und zeitliche Veränderungen in ihre Masse einschließen und bewahren.[4]

T h e p h y s i c s o f c o n s t r u c t i o n (1) — Of all media that attempt to hold us, only architecture can take effect from all sides, on all senses, and sustain this lasting effect for an extended period.[3]

(2) — Memory is an essential characteristic of architecture. More complex than other media, it is generally able to integrate and retain different experiences and temporal changes in its mass.[4]

3 Ortner & Ortner, *Wörterbuch der Baukunst / Primer of Architecture*, S. 84 ‚suggestiv'/p. 175 "suggestive"

4 ibidem, S. 81 ‚Speicherfähigkeit'/p. 148 "memory"

Wie mit Altem umgehen? — In vornehmen Häusern ist der Um-
gang mit den Spuren der Zeit entspannter als anderswo: Zerschlissene Tapezierun-
gen gelten nicht als Schande. Veränderungen, die intensive Nutzung mit sich bringt,
werden akzeptiert. Erneuert wird nur dann, wenn man nicht mehr reparieren kann.
Und dieses Reparieren ist es, das alles nicht nur gebrauchsfähig hält, sondern auch
optisch immer dichter miteinander verbindet. Ohne in musealer Geschütztheit zu
erstarren, kann die Zeit ihre lebendige Markierung hinterlassen. Armseligkeit und
Verwahrlosung kommt erst auf, wenn der Faden dieser individuellen Geschichte
reißt und sich Bauten und Dinge nicht mehr im Fluss der Zeit befinden, nicht mehr
gebraucht werden. Das Reparieren ist heute so gut wie verschwunden. Mehr lässt
sich nicht über unser Verhältnis zur Geschichte sagen.

How should we deal with aging? — In distinctive homes, the
traces of time are dealt with in a way that is more relaxed than elsewhere: tattered
wallpaper is not considered a disgrace. Transformations that come from intense use
are accepted. Things are replaced only when repair is no longer possible. And this
repair not only keeps things in a usable state; it is also what connects everything
ever more tightly in a visual sense. Freed from ossifying in the protective museum
environment, time is able to leave behind its living marks. Paltriness and neglect
arise only when the thread of this individual history tears and buildings and things
no longer belong to the flow of time, are no longer used. The art of repair has all but
disappeared nowadays. In terms of our relationship with history, enough said.

zeitlos — In den Bildern de Chiricos sind lapidare Bauten zu sehen, die mit ihren Bogenarkaden den Eindruck vermitteln, als würden sie öffentlich genutzt. Auch die Türme mit ihren Kolonnadengängen scheinen in ähnlicher Weise der Allgemeinheit zur Verfügung zu stehen. Zwei Typen von Kulturbauten, die in später Nachmittagssonne mit schweren Schatten eine Bedeutung suggerieren, deren Sinn sich ebenso wenig offenbart wie ihre geschichtliche Zugehörigkeit. Die Bauweise ist anspruchslos und ohne Details, es gibt keinerlei Hinweise auf technische Errungenschaften. Der Ort wirkt abgelegen, ein Stück Stadt, an dem alle zeitlichen Erneuerungen vorbeigezogen sind, ohne Spuren zu hinterlassen.

Die Yachten, die für die Rennen um den America's Cup auf dem höchsten Stand von Wissenschaft und Technik entwickelt werden, sind architektonische Gegenstücke. Auch das kleinste Detail wird kontrolliert, alles bis an die Grenzen des Machbaren ausgereizt, ohne Kosten zu scheuen. Der 25 Meter lange Rumpf aus federleichten Zellulosewaben, die von zwei Schichten Kohlefaser zusammengehalten werden, daran das vier Meter lange Schwert mit der 20 Tonnen schweren Kielbombe. Die Segel ‚wie Schatten' aus feinstem Kohlefasergewebe, der Spinnaker allein 500 Quadratmeter groß. Dieses Schiff mit all seinen Teilen sieht nicht so aus, weil jemand will, dass es so aussieht. Die Form wird diktiert von den Anforderungen, aus der Kraft des Windes höchste Beweglichkeit und Schnelle auf Wasser zu erzielen.

De Chiricos Bauten und die Yachten des America's Cup nähern sich von entgegengesetzten Seiten dem gleichen Anliegen: eine letzte Form zu finden. Für die Bedeutung der Kulturbauten sind die technischen Errungenschaften unerheblich. Ihre zeitlose Wirkung liegt in einer klaren Geometrie, die seit den Ägyptern gültig ist.

timeless — De Chirico's pictures show succinct buildings whose arcades give the impression that they are for public use. The towers, too, with their colonnade walkways appear similarly as public places. Here are two types of cultural buildings that in the late afternoon sun and its heavy shadows suggest significance, yet reveal just as little of their meaning as their historical roots. The style of building is bland and void of detail; there is no hint at technical achievement. The location seems remote, a part of the city that all contemporary developments have passed by without a trace.

The yachts, which were developed with state of the art science and technology for the America's Cup regatta, are architectonic counterparts. They are controlled down to the smallest detail, all possibilities exhausted, no costs spared. The 25-meter-long hull made of featherweight cellulose honeycomb is held together by two layers of carbon fiber; jutting from this is the four-meter-long fin with the 20-ton massive keel. The sails, "like shadows," are of the finest carbon fiber weave; the spinnaker alone is 500 square meters. This ship with all of its parts does not look like it does because someone wants it to look like this. The form has been dictated by the demand of achieving the highest possible speed and maneuverability on the water from the power of the wind.

De Chirico's buildings and the America's Cup yachts are opposite approaches to the same concern: finding an ultimate form. Technical achievements are irrelevant to the significance of cultural buildings. Their timeless impact is found in a clear geometry that has been in effect since the time of the Egyptians.

Was Architektur besser kann — Räume und Bauten sind offensichtlich imstand, auf subtile Weise unser Empfinden zu beeinflussen. Dazu genügt ein simpler rechteckiger Raum. Seine Größe, seine Höhe, seine Materialien, seine Lichtverhältnisse, seine Farben, seine Luft und sein Geruch und das, was darin zu hören ist, schaffen jene Atmosphäre, die durch alle Poren auf uns einwirkt. Manchen Räumen gelingt das besser als anderen; auf unbewusste Weise aber herrschen sie über unsere Stimmung, unser Befinden. Darum geht es in der Architektur: die Schaffung von Räumen, durch die eine Atmosphäre von Wohlbefinden, Besinnung, Geborgenheit, in manchen Fällen von Überwältigung ausgelöst wird. Kein anderes Medium vermag uns so vielschichtig zu umhüllen und uns so unmerklich zu lenken.

What architecture can do better — Spaces and structures, it seems, are capable of influencing our sensibilities in subtle ways. For this, a simple square room suffices. Its size, height, materials, and light relations, its colors, its air, its scent, along with that which can be heard within it create an atmosphere that we soak in through each and every pore. Some spaces are more successful at achieving that than others: yet in an unconscious way, they still control our mood, our feelings. That is what architecture is about: creating spaces that emanate an atmosphere of well being, reflection, security, and, in some cases, one that overpowers. No other medium is capable of enveloping us so complexly and steering us so imperceptibly.

Schwebendes Museum /
Floating Museum
Kiel-Mettenhof, 1975
Wettbewerb / competition
(Haus-Rucker-Co)

Für die drei Geschoß hohe Halle des Bildungszentrums Kiel-Mettenhof schlugen wir vor, neun Tragroste und zwei Lichtwinkel so von der Decke abzuhängen, dass sie mit Seilzügen von einem offenen Kommandostand am Boden bewegt werden konnten. An den Tragrosten hingen aneinander gekoppelte Folientaschen, die von Zeit zu Zeit mit aktuellen Materialien zur Zeitgeschichte aus Zeitungen und Journalen, aber auch Stellungnahmen von Schülern gefüllt und erweitert werden sollten: eine wachsende Wolke aus Tagesereignissen. Fallweise hätte man das technische Equipment dieses schwebenden Museums auch für Theaterveranstaltungen nutzen können. Der 1. Preis beim Wettbewerb hat dem Projekt nichts genutzt, realisiert wurde ein Deckengemälde.

For the three-story-high hall of the learning center in Kiel-Mettenhof we suggested hanging nine suspension grid systems and two corner light units from the ceiling in such a way that they could be moved via cable winches from an open control position on the floor. Hanging on the suspension grid systems would be adjoined foil bags, which could be filled and expanded from time to time with topical material on current events taken from newspapers and journals, and also statements from students: a swelling cloud of daily happenings. On occasion, the technical equipment of this floating museum could also be used for theater performances. Although the project won first prize, that did not help much; in the end, a ceiling mural was realized.

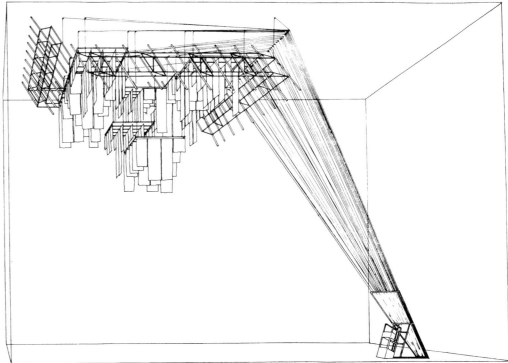

Vom Hängerort führen Seilzüge zur Kanzel, von der aus die Sammelrahmen abgesenkt werden können.

From the site of the hanger, cable controls lead to the platform, from where the collecting frames can be lowered.

Kunsthalle am / on August Macke-Platz Bonn, 1985

(Haus-Rucker-Co)

Die 1976 errichtete Blumenhalle sollte in eine Kunsthalle umgebaut werden. Ursprünglich freistehend ist sie jetzt eingebunden in eine Blockrandbebauung. Dadurch dass die Schmalseite der neuen Kunsthalle gegenüber dieser Bebauung am Hochstadenring zurückspringt, entsteht ein Vorplatz, der August Macke-Platz, der von einer Stahlrahmenkonstruktion räumlich gefasst ist. Aus der geschlossenen gemauerten Eingangsfassade der Kunsthalle sind zwei gleichgroße Torflächen ausgestanzt und als eigenständige Mauerteile zur Begrenzung des Vorplatzes an die Straßenkante gerückt. Hinter diesen Eingängen befinden sich die mit Oberlicht ausgestalteten Ausstellungs- und Veranstaltungsräume des Kunstvereins und des Künstlerforums. Eine ovale, rundherum verglaste Caféteria ergänzt das Gebäude in einem neu gestalteten Hof.

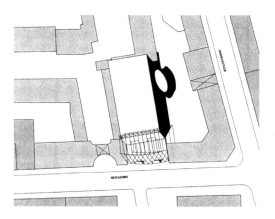

Ausstellungshalle mit elliptischem Café-Anbau

Exhibition room with elliptical café addition

The "Blumenhalle" (flower hall), built in 1976, will be converted to a Kunsthalle. Originally a freestanding building, it will now be integrated into a block perimeter development. Since the narrow side of the new Kunsthalle is recessed in relation to the block development on the street side of Hochstadenring, a front square arises, August Macke-Platz, which is spatially contained by a steel frame construction. Two wall sections of equal size are cut out of the Kunsthalle's solid brick entry façade and placed on the street's edge, thus creating two entries into the building. Behind these entryways are the top-lit exhibition and event spaces of the Kunstverein and the Künstlerforum. A glass-paneled, oval-shaped Caféteria placed at the former entrance complements the building by forming a newly designed courtyard.

Die Stahlrahmenkonstruktion fasst den Vorplatz und ist für temporäre Installationen vorgesehen.

The steel frame construction surrounds the square and is intended for temporary installations.

Ausstellung / Exhibition
Haus-Rucker-Co
Kunsthalle Wien,
Wien / Vienna 1992

Die Eröffnungsausstellung der Kunsthalle Wien zeigte das Gesamtwerk von Haus-Rucker-Co. Bis auf ganz wenige Stücke wurde alles, was an Objekten, Modellen und Zeichnungen in den Jahren 1967–1990 entstanden ist, zusammengetragen. Präsentiert wurde diese Materialfülle in zweigeschossigen Regalblöcken, Stück an Stück gereiht die Objekte und Modelle , in stehenden Stapeln die Bilder und Zeichnungen.

Leuchtstoffröhren in jeder Etage beleuchteten die Regalblöcke von innen her; an ihren Außenseiten waren diese durch ein großgerastertes Gitter gesichert. Im Zentrum dieses Speichers befand sich ein Bar-Restaurant mit zwei Reihen einander gegenüberstehender Tische.

Modell der Stellagen-
anordnung

Model of the shelf
arrangement

The opening exhibition at Vienna's Kunsthalle showed Haus-Rucker-Co's entire oeuvre. All objects, models, and drawings created from 1967 to 1990 – with very few exceptions – were on display. This richness of material was presented on two-story-high blocks of shelves: objects and models arranged piece by piece in rows, and pictures and drawings stacked vertically.

Fluorescent tubes on each floor lit the shelf units from inside; on the outside, they were secured by a wide-grid screen. At the center of this repository was a bar-restaurant with two rows of tables placed facing each other.

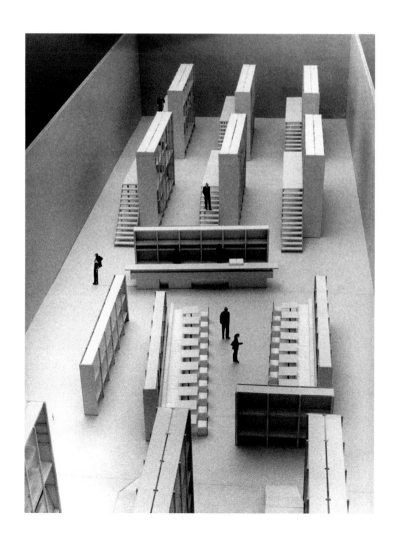

In den Stellagen waren Objekte, Modelle und gerahmte Zeichnungen gestapelt.

Objects, models, and framed drawings were piled up on the shelves.

Temporärer Austellungsbau /
Temporary Exhibition Building,
Forum Design, Linz, 1980

Nahe der Donau, auf einem verwilderten Grundstück zwischen zwei Brücken wurde der Ausstellungsbau errichtet. Wie Waggons reihen sich bogenförmig gewölbte Einzelhallen aneinander, von einem breiteren Mittelbereich aus in beiden Richtungen durch einen Verbindungssteg gekoppelt. Die halbbogenförmige Stahlkonstruktion der Hallen ist mit weißer Haut aus Kunststoffgewebe bespannt. Von außen eine glatte Hülle als Schutzüberzug, im Inneren großzügig Raum und schattenlose Helligkeit. Naturfarbener Holzboden nimmt dem Licht, das von allen Seiten durch die Hülle dringt, die bläuliche Schärfe.

The exhibition building was erected on a piece of overgrown property between two bridges near the Danube River. The individual arch-shaped vaulted halls line up like railroad cars, joined in both directions by a connecting walkway, from a broad middle area. The half-moon-shaped steel construction of the halls is covered with a white skin of synthetic material. From outside, a smooth casing as a protective cover: inside, a vast space and unshaded luminance. Natural finished wood floors absorb the bluish sharpness of the light that penetrates the cover from all sides.

Der Bau an der Donau

The structure on the
Danube

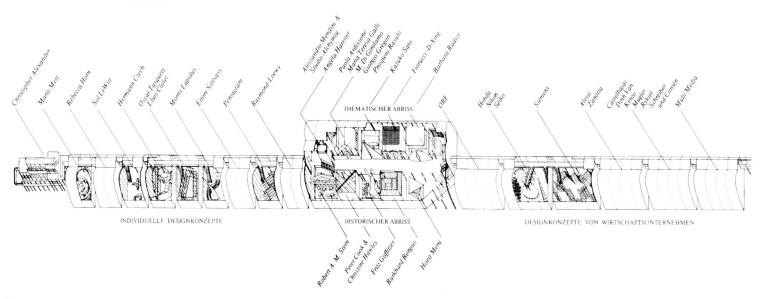

INDIVIDUELLE DESIGNKONZEPTE

THEMATISCHER ABRISS

HISTORISCHER ABRISS

DESIGNKONZEPTE VON WIRTSCHAFTSUNTERNEHMEN

Ausstellungspavillon mit
Promenadensteg

Exhibition pavilion with
esplanade walkway

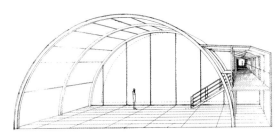

Die Stahlkonstruktion
ist mit durchscheinender
weißer Kunststoffhaut
überspannt.

Translucent white plastic
skin is stretched over the
steel construction.

Mit gelbem Stoff bespannter Zylinder als Entrée

Cylinder covered with yellow material as an entryway

Der Promenadensteg
mit Blick und Treppe in
die Pavillons

The esplanade walkway
with a view of the pavilions
and stairs to them

Blick in den Pavillon von Ettore Sottsass mit der
Memphis Möbelkollektion, die hier zum ersten
Mal gezeigt wurde

View into the pavilion by Ettore Sottsass with the
Memphis furniture collection, which was shown
here for the first time

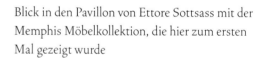

Die große Halle mit den Themen-Bereichen. Blick auf den Beitrag Fashion-Design von Alessandro Mendini und Studio Alchymia

The large room with thematic areas. View of the fashion design contribution by Alessandro Mendini and Studio Alchymia

Ideales / Ideal Museum
documenta 8, Kassel, 1987
(*Haus-Rucker-Co*)

Das Museum besteht aus einer beliebig zu erweiternden Zahl von Beton-Containern, die durch einen Brückengang miteinander verbunden sind. Jeder Container hat die Maße 21 x 19 x 17 Meter und wird von vier Wänden aus Beton gebildet, die weder außen noch innen besondere Gestaltungsmerkmale aufweisen. Der Brückengang durchdringt in einer Höhe von drei Metern fünfzig diesen Kubus. Neben den beiden Mauerdurchbrüchen gibt es nur noch ein Tor für die Lieferung der Museumsexponate. Licht kommt von oben durch die Zwischenfelder der Balkendecke.

The museum is composed of a number of concrete containers, as many as needed, connected by a bridge gangway. Each container measures 21 x 19 x 17 meters and is formed of four concrete walls that do not display any special design characteristics either inside or outside. A bridge gangway passes through the cube at a height of 3.5 meters. The only other opening in addition to these two breaks in the wall is a door for the delivery of museum exhibits. Light enters from above through the bays of a beamed ceiling.

Design Center
Klagenfurt, 1992

Ein indigoblauer Kubus, 26 Meter lang, 18 Meter breit, 12 Meter hoch, schwebt 50 Zentimeter über einem Feld aus weißem Flussschotter. Im Inneren ein Hof, dessen eine Hälfte durch einen hakenförmigen Bau mit roter Holzfassade gebildet wird. Auf der anderen Hälfte reicht über die gesamte Breite eine Freitreppe. Von außen geschlossene Wände bis auf drei Öffnungen, ein Balkon im Osten, ein Fensterfeld im Westen und der Eingang im Süden.

An indigo blue cube, 26 meters long, 18 meters wide, 12 meters high, floats 50 centimeters above a field of white riverbed gravel. Inside is a courtyard, one of its halves receives its contours from a hook-shaped building with a red wood façade. The other half is distinguished by a flight of outdoor stairs stretching across its entire width. Walls are closed solid to the outside apart from three openings: a balcony to the east, a strip of windows to the west, and the entry to the south.

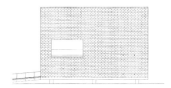

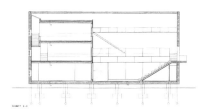

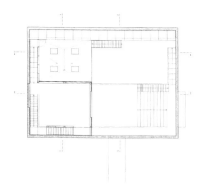

In den nach oben offenen blauen Kubus ist hakenförmig das eigentliche Haus gelegt.

The actual building is set hook-shaped inside the blue cube, which is open at the top.

Der blaue Kubus ist 50 cm über einem Feld aus weißem Flussschotter aufgestelzt.

The blue cube is raised 50 cm above a field of white riverbed gravel.

Große Sitztreppe im Innenhof

Large flight of stairway seating in the inner courtyard

Museum Sammlung / Collection Brandhorst
München / Munich, 2002
Wettbewerb / competition

Charakteristisch für die Sammlung Brandhorst ist die feine Abgestimmtheit der Kunstwerke aufeinander. Erstklassige Einzelstücke bilden einen kompakten Block, der eine strahlende Ganzheit formt. Das neue Haus sollte die Eigenheit dieser Sammlung auch als Bau vermitteln. Unterschiedliche Materialien der Fassade verbinden sich geschiftet zu einem klaren Baukörper. Die autonomen Einzelflächen gehen auf in einer schimmernden Hülle, die ohne große Geste einen langgestreckten Block allseitig überzieht, ihn wertvoll macht. Ohne aus der Gesamtanlage, welche die Pinakothek der Moderne auch mit ihrer Höhe vorgibt, formal auszubrechen, kann sich dieser viel kleinere Bau durch erlesene Eleganz behaupten.

Characteristic of the Brandhorst collection are the artworks' fine harmonization with one another. First class individual pieces compose a compact group that shapes a radiant wholeness. As a structure, too, the new building should represent the uniqueness of this collection. A variety of façade materials bond coalesced in a clear body. The autonomous individual surfaces merge to a shimmering mantle, which, without great gesture, cloaks all sides of an elongated block, makes it extraordinary. Without formally breaking from the overall arrangement set by the Pinakothek der Moderne, also through its height, this much smaller structure can assert itself with exquisite elegance.

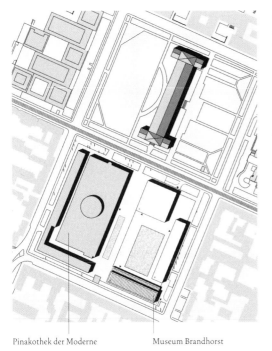

Pinakothek der Moderne   Museum Brandhorst

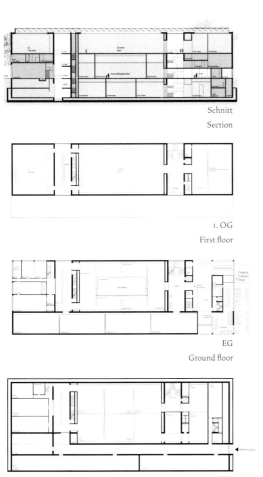

Schnitt
Section

1. OG
First floor

EG
Ground floor

UG
Basement

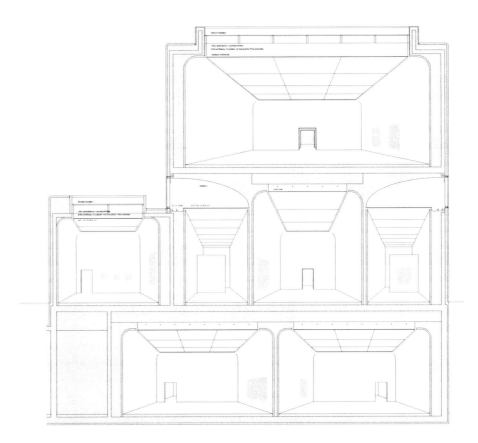

Die Räume sind zu einem langgestreckten hakenförmigen Block zusammengefügt.

The rooms are assembled to a longitudinal, hook-shaped block.

Unterschiedliche Fassadenmaterialien verbinden sich zu einem ‚geschliffenen‘ Körper.

Various façade materials combine to a "polished" body.

Wechselausstellungshalle /
Hall for temporary exhibition
Kunsthistorisches
Museum Wien
Wien / Vienna 2006
Wettbewerb / competition

Der neue Saal für Wechselausstellungen steht im Hof: ein freier Block. Seine Seitenwände und Untersicht sind mit hochfester, transluzenter Kunststoff-Folie bespannt. Hinterleuchtet lassen sie den Block optisch schweben und tauchen den gesamten Hof in feinen Lichtschimmer. Das Restaurant-Café liegt, eigenständiges Exponat, auf diesem Lichtsockel. Die funktionalen Teile sind in einem kupferverkleideten Ovalkörper zusammengefasst, der den liegenden Glasquader des Gastraumes durchdringt.

The new hall for temporary exhibitions lies in the courtyard: a free-standing block structure. Its sidewalls and underside are covered in a translucent, high-strength, plastic foil. When backlit, the skin lets the block float visually and bathes the entire courtyard in a fine shimmer of light. The restaurant café is situated on this platform of light as an independent exhibit. The functional parts are subsumed in a copper-encased oval body that penetrates the horizontal glass cube of the dining space.

Museumsquartier

Hof des Kunsthistorischen
Museums
Courtyard of the Kunsthistorisches Museum

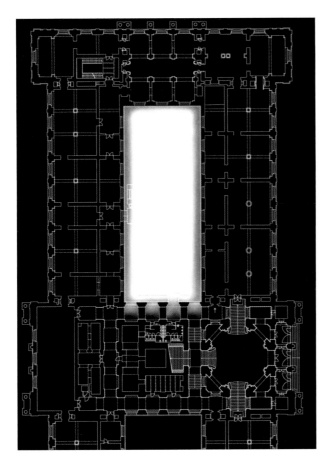

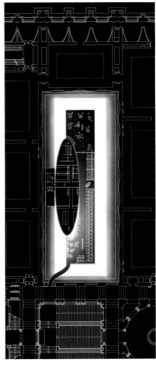

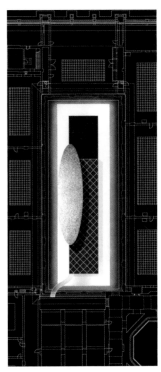

Grundriss der neuen
Ausstellungshalle
Floor plan of the new
exhibition hall

Draufsicht Café-Ebene
Plan view, café level

Der nach außen leuchtende Quader ist mit
knappem Abstand zu den Fassaden auf schrägen
Beinen aufgestelzt.

The outwardly glowing cube is elevated a short
distance from the façades on inclined legs.

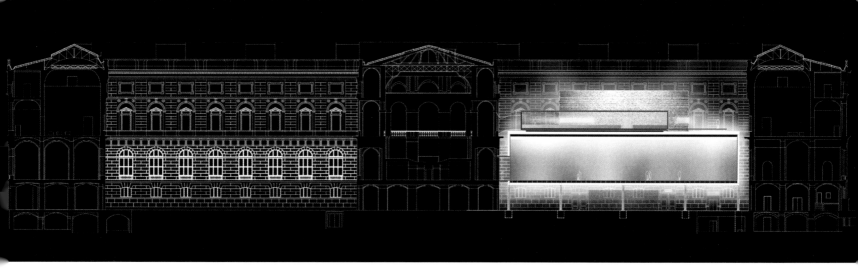

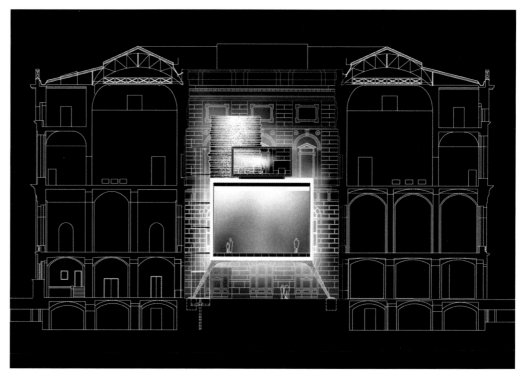

Deutsches Historisches /
German Historical
Museum
Berlin, 1988
Wettbewerb / competition

Noch vor der Wiedervereinigung Deutschlands war geplant, die künftige Bebauung des Spreebogengeländes mit dem Bau eines Deutschen Historischen Museums zu beginnen. Der Entwurf sieht als Hauptteil des Museums eine Glasvitrine vor, 133 auf 133 Meter und 22 Meter hoch, die sich über einen 4 Meter hohen Sockel stülpt. Unter diesem gläsernen Sturz befinden sich die Ausstellungsräume als locker gestapelte Container, unterschiedlich in ihrer Form entsprechend den Themenkomplexen. Das Museum als ‚arbeitendes Gehirn‘ sollte auch von außen sichtbar werden, ebenso wie die Besucher bei ihrer Suche nach der Vergangenheit.

Even before German reunification, the plan was to begin the future development of the Spree river banks by building a German Historical Museum. The design proposes a glass showcase, 133 by 133 meters and 22 meters high, placed over a four-meter-high base as the main area of the museum. The exhibition spaces are located under this glass cap as loosely stacked containers, with different forms according to the thematic complex displayed within. The museum, as a "working brain," should also be visible from the outside as should the visitors in their search for the past.

Aus heutiger Sicht absurd: mit einem Museumsbau das große Areal des Reichstags definieren zu wollen

Absurd from the current perspective: attempting to define the major area of the Reichstag with a museum building

Fassade mit Haupteingang

Façade with main entry

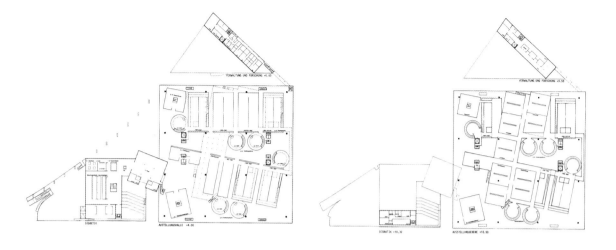

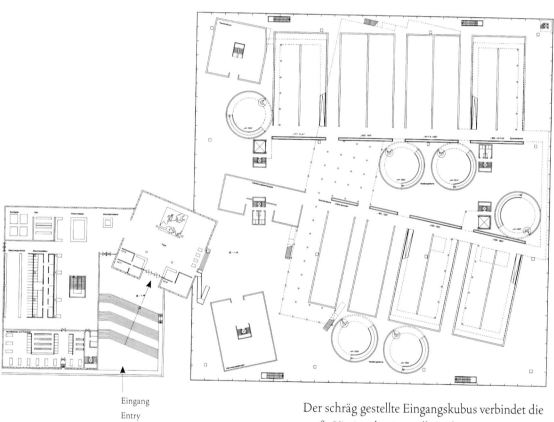

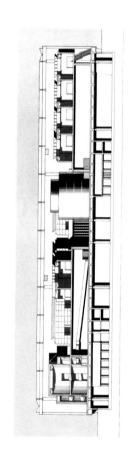

Eingang
Entry

Der schräg gestellte Eingangskubus verbindet die
große Vitrine der Ausstellungsbauten mit dem
kleinen Quader der Service-Räume.

The slanted entry cube connects the major showcase of the exhibition building with the small
cube of the service spaces.

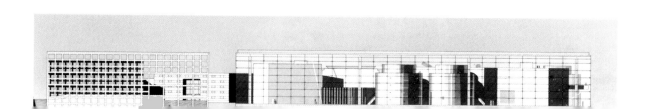

Ohne Vitrine. Die Geschichte als räumliches Konglomerat, das Züge einer Stadt annimmt

Without a showcase. History as a spatial conglomerate that takes on characteristics of a city

Unter der 133 x 133 m großen gläsernen Vitrine ein
lockeres Ensemble von zweigeschossigen Ausstellungsbauten mit unterschiedlichen historischen
Themenbereichen

Under the 133 x 133 m large glass showcase, a
loose ensemble of two-story exhibition buildings
with various historical themes

Museumsquartier
Wien / Vienna

Wettbewerb / competition, 1988, 1990
Realisierung / realisation, 1995–2001

Das Museumsquartier als Zentrum der Gegenwartskunst ist mit verschiedenen kulturellen Einrichtungen ausgestattet: dem Museum für Moderne Kunst, dem Leopold Museum, der Kunsthalle Wien, den Veranstaltungshallen E+G, dem Architekturzentrum, dem Kindermuseum und dem Kindertheater, Produktionsräumen für Neue Medien, Künstlerateliers, Restaurants, Cafés und Themenshops. Die Lage im Areal der ehemaligen Hofstallungen (1723 erbaut von J. Fischer von Erlach) bietet die ideale Anknüpfung der zeitgenössischen Kultur an die historische Tradition, die sich mit Hofburg und Hofmuseen in direkter Nachbarschaft befindet.

A center for contemporary art, the MuseumsQuartier is vested with various cultural institutions: the MUMOK museum of contemporary art, Leopold Museum, Kunsthalle Wien, event halls E+G, the Architekturzentrum (AzW), a children's museum and children's theater, production spaces for new media, artists' studios, restaurants, cafés, and specialty shops. The location on the grounds of the former Imperial Stables (built in 1723 by J. Fischer von Erlach) offers the ideal connection of contemporary culture with historical tradition, which can be found at the nearby Hofburg and its museums.

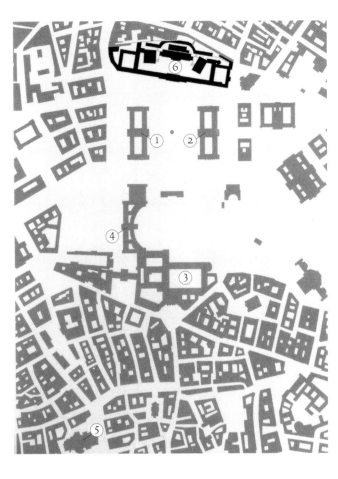

1 Kunsthistorisches Museum
2 Naturhistorisches Museum
3 Hofburg
4 Neue Burg
5 Stephansdom / St Stephen's Cathedral
6 Museumsquartier

Das gesamte Ensemble mit Leseturm und Mixed Media Center. Letzter Planungsstand 1995

The entire ensemble with reading tower and Mixed Media Center. Last stage of planning 1995

Bereits kurz nach der Wettbewerbsentscheidung 1990 stand das Projekt im Zentrum von turbulenten öffentlichen Auseinandersetzungen, die bis zur Baubewilligung 1997 unvermindert andauerten. Politik und Massenmedien gerieten darüber ebenso aneinander wie Bürgerinitiativen, Denkmalschützer, selbsternannte Stadtplaner, Künstler und Kulturvermittler. Eine beispiellose öffentliche Debatte, bei der sich letztlich die bestimmenden Politiker als insgesamt zu schwach gegenüber dem auflagenstärksten Boulevardblatt erwiesen und sich diktieren lassen mussten, was dessen Herausgeber für gut befand. Es kam in der Folge zu mehreren Abänderungen, die schließlich mit einer Reduzierung des Neubauprogramms um ein Viertel und dem Wegfall des Leseturms als Signet des neuen Museumsquartiers endeten. Architektonisch konnte das Grundkonzept all die sich verändernden Nutzungsvorgaben auffangen, ohne seine ursprüngliche Figur zu verlieren. Bleibt zu wünschen, dass in einem offenen Prozess der Weiterentwicklung wesentliche Teile wie der Leseturm und der Bau am Vorplatz in nächster Zeit umgesetzt werden.

Shortly after the competition was decided in 1990, the project was already at the center of turbulent public controversy, which continued undiminished until the issue of the building permit in 1997. Politics and mass media clashed as did citizen initiatives, historical preservation officers, self-ordained urban planners, artists, and cultural workers. An unprecedented public debate ensued in which the determining politicians ultimately proved too weak as a whole in the face of the widely read boulevard press and in the end had to listen to the dictates of what the publisher thought was right. As a result, several changes were made that ultimately ended with a 25 percent reduction of the new construction program and an elimination of the reading tower as a symbol of the new MuseumsQuartier. Architecturally, the basic concept could still absorb all of the changes in its use parameters without forfeiting its original figure. The wish remains that essential elements, such as the reading tower and the structure on the forecourt, be implemented in the near future.

Wettbewerb 1990
Competition 1990

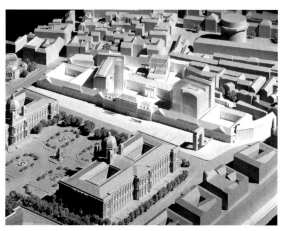

Stand 1992
Status 1992

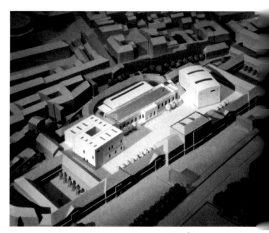

Stand 1995
Status 1995

Realisierung
Realization

Blick vom Museum Moderner Kunst zum Leopold Museum: Der Baukörper ist aus weißem Muschelkalk.

View from the Museum Moderner Kunst to the Leopold Museum: The body of the building is made of white shell lime.

Blick vom Leopold Museum zum Museum Moderner Kunst: Der Baukörper ist aus grauem Basalt.

View from the Leopold Museum to the Museum Moderner Kunst: The body of the building is made of gray basalt.

Das Stadtfoyer, Sommer 2004.
Links Museum Moderner Kunst, rechts Leopold
Museum, ganz rechts hinter den Bäumen die Ver-
anstaltungshalle mit Entrée zur Kunsthalle

The city foyer, summer 2004.
To the left, Museum Moderner Kunst, to the right,
Leopold Museum, far right behind the trees is the
event hall with entry to the Kunsthalle

Kunsthalle Wien
Museumsquartier
Wien / Vienna, 1995–2001

Die neue Kunsthalle ist längsseitig an die historische Reithalle gefügt. Der karge, ziegelverkleidete Kantblock mit seinen Kragplatten an beiden Stirnseiten, geht mit dem reich dekorierten, geschichtsträchtigen Bau eine enge Verbindung ein: Altes und Neues programmatisch gemischt als Kraftstoff für Kommendes.

The new Kunsthalle is added on lengthwise to the former, historic winter riding hall. The sparse, brick-encased rectangular block with cantilever plates that jut out from the two opposite ends, assumes a tight bond with the lavishly decorated, historic building: a programmatic blend of old and new as fuel for the future.

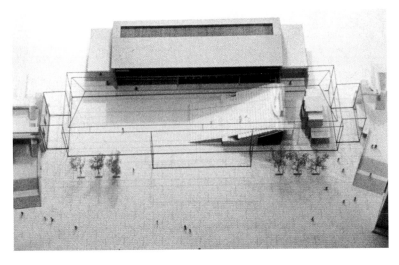

Die historische Winterreithalle (als Drahtmodell dargestellt) wird als Veranstaltungshalle genutzt. Dahinter der neue Baukörper der Kunsthalle

The historical winter riding hall (displayed as a wire model) is used as an event hall. At its rear is the new structure of the Kunsthalle.

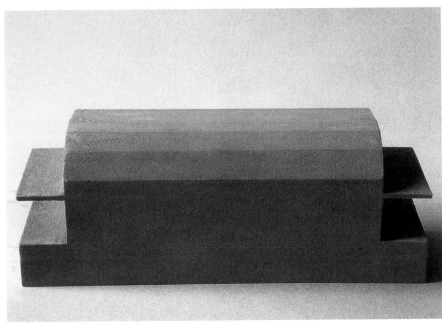

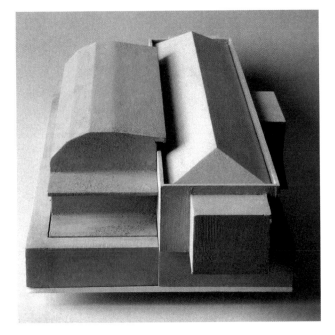

Die Kunsthalle als autonomer Baukörper

The Kunsthalle as an autonomous structure

Und ihre rückseitige Vereinigung mit der historischen Reithalle

And its rear connection with the historic riding hall

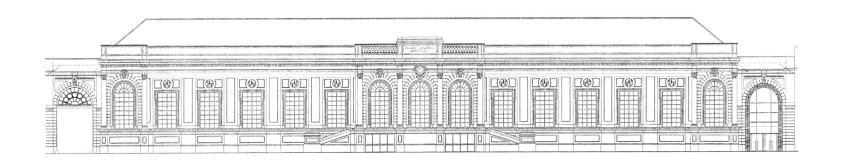

Maßstäbliche Ansichten von der
Reithalle und Kunsthalle

Scale view of riding hall and Kunsthalle

Schnitt durch die Kunsthalle. Im obersten Ge-
schoß der 1'000 m² große Ausstellungsraum mit
Tonnengewölbe, darunter Foyer und 500 m² für
Ausstellung

Section through the Kunsthalle. On the top floor
is the 1,000 m² exhibition hall with barrel vault;
below the foyer and 500 m² for exhibition

Der Baukörper ist überall an seinen Außenflächen mit Klinker verkleidet. Die blinden Schlitze in der Fassade sind für Namensschilder vorgesehen.

The structure is entirely encased with bricks. The blind slots in the façade are intended for name plates.

Das große Foyer mit Aufgang in die Veranstaltungshalle. Die historische Kaiserloge trifft dort auf den Aluminiumbauch, der die Sitztribüne abschließt.

The large foyer with stairway into the exhibition hall. The historical Kaiserloge (royal box) meets the aluminum belly that completes the seating tribune.

Der 1'000 m² große Saal im Obergeschoß

The 1,000 m² hall on the top floor

Installation von Vanessa Beecraft zur Eröffnung

Installation by Vanessa Beecraft for the opening

Leopold Museum
Museumsquartier
Wien / Vienna 1995–2001

Ein Quader, allseitig mit weißem Muschelkalk verkleidet, 24 Meter hoch und 13 Meter tief in die Erde ragend. Aus der Entfernung lassen die vereinzelten Fenster den Bau wie ein Privathaus wirken. Die Übergröße ihres Formats von 2,2 auf 3,8 Meter wird erst im Näherkommen fassbar. Im Streiflicht zeigt der vermeintlich glatte Quader unterschiedlich strukturierte Flächen, die der steinernen Masse seltsame Transparenz verleihen – die Räume dahinter scheinen durch die Fassade zu schimmern.

A compact block with white shell limestone siding over the whole exterior, extends 24 meters high and 13 meters deep into the ground. From a distance, the individual windows make the structure seem like a private home. Only when one gets closer is it possible to grasp their oversized format, 2.2 to 3.8 meters. With side-lighting, the supposedly smooth cube reveals variously structured surfaces, which lend the stone structure a strange transparency—the spaces behind seem to shimmer through the façade.

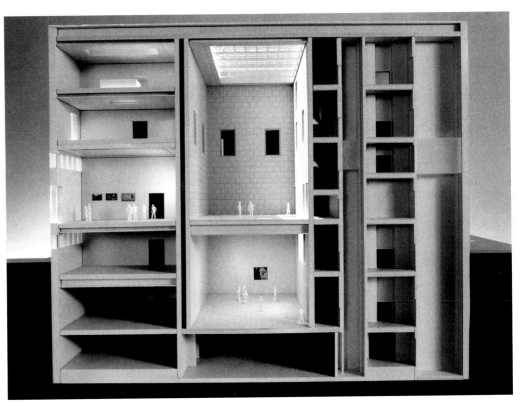

Schnittmodell. In der Mitte das zweigeteilte große Atrium. Zwei unabhängig bespielbare Bereiche werden so erschlossen.

Section model. In the middle, the two-part large atrium. This creates two areas that can be used separately.

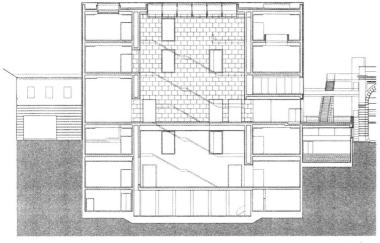

Schnitt
Section

Ansicht
View

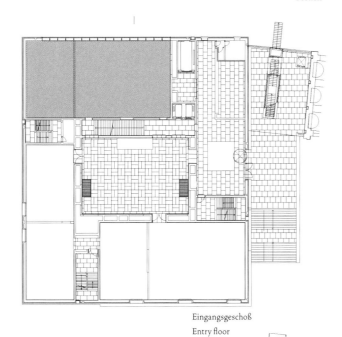

Eingangsgeschoß
Entry floor

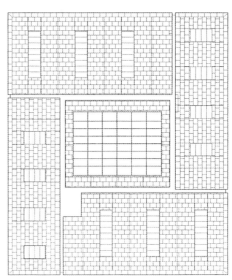

Regelgeschoß
Standard floor

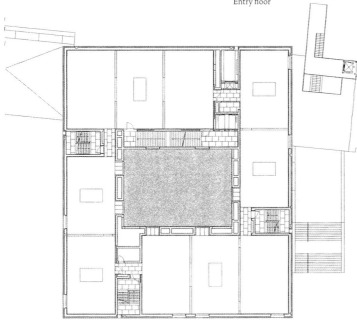

Dachaufsicht
Roof view

Windradartig sind die Ausstellungsräume um das über sämtliche Geschosse durchgehende Atrium angeordnet.

The exhibition rooms are arranged like the sails of a windmill around the atrium, which extends across all floors.

Das Atrium mit Durchblicken
in die Ausstellungsräume

The atrium with a view into
the exhibition rooms

Die ‚Villa'. Vergrößert, um dem öffentlichen
Auftrag zu entsprechen im Sinn der individuellen
Sammlung

The "Villa." Expanded to meet its public task, in
keeping with the individual collection

215

Treppenaufgang vom
unteren Atrium

Stairway leading from
the lower atrium

Foyer zu Shop und Café

Foyer of the shop and café

Museum Moderner Kunst
(Museum of Modern Art)
Museumsquartier
Wien / Vienna, 1995–2001

Ein kompakter, dunkler Steinblock aus Basaltlava, die Oberseite gekrümmt, mit scharfen Kanten, die zum Boden hin in Abrundungen verlaufen. Bis auf einige Lichtschlitze ist die Fassade geschlossen, der Eingang, ein 2,2 Meter hoher, 6,2 Meter langer Schlitz, der über die gesamte Breite der dahinterliegenden Halle reicht. Im Inneren teilt diese schmale Basalt verkleidete Halle mit ihrem 41 Meter hohen und 30 Meter langen Luftraum den Museumsblock in zwei Teile: einen mit großen und hohen Ausstellungsräumen und einen niedrigeren mit ‚Kabinetten‘ für kleinere Exponate.

A compact, dark stone block of basalt lava, the top side curved, with sharp edges that run toward the ground. Other than several slits for light, the façade is entirely closed. The entrance is a 2.2-meter-high, 6.2-meter-long slit that extends across the entire width of the hall behind. On the inside, this narrow, basalt-covered hall with its 41-meter-high and 30-meter-long air space divides the museum block into two parts: one with large, high-ceilinged exhibition spaces and another, lower one, with "galleries" for smaller exhibits.

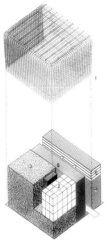

1   GLASHÜLLE MIT FASSADENRAUM
2   TAGESLICHTRÄUME
3   KUNSTLICHTRÄUME
4   KABINETT - TRAKT
5   TREPPENHALLE
6   VERWALTUNG

Erstes Konzept: abgespannte Glashülle über einem Block von Ausstellungsräumen. Der Zwischenraum ist zur Stadt hin bespielbar.

First concept: glass skin spanning over a block of exhibition spaces. The interim spaces could be used for projections directed outward to the city.

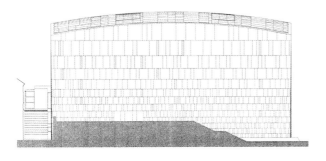

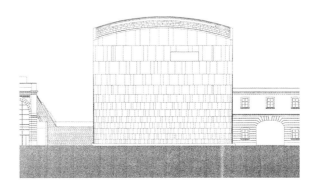

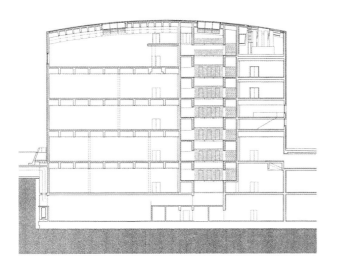

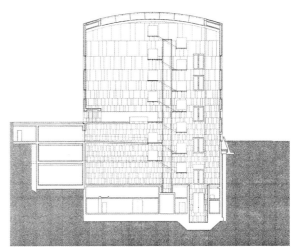

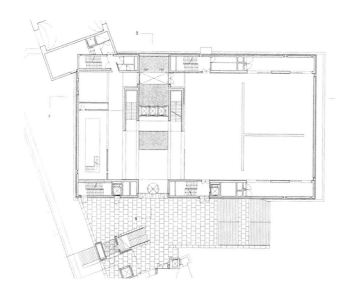

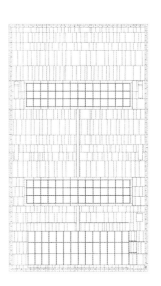

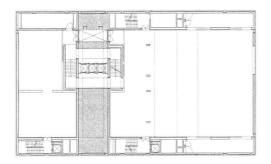

Der kompakte Kubus wird von unten bis oben geteilt und erschlossen durch eine vertikale Luftscheibe: Sie ist gleichsam die Seele des Hauses.

The compact cube is divided from bottom to top and accessed through a vertical air panel: it is the soul of the house, so to speak.

Luftscheibe, die das gesamte Haus durchteilt und als vertikale Kommunikation bis in das Depotgeschoß reicht

Air panel that divides the entire house and serves for vertical communication through to the depot level

Große Ausstellungshalle im
obersten Geschoß mit Pano-
ramafenster zur Innenstadt

Large exhibition hall on the
top floor with panoramic
window overlooking the city
center

Treppenhaus: Wandverkleidung und
Stufen aus Gusseisen

Stairway: cast-iron wall paneling and steps

Eine Heterotopie aus Heterotopien
Das Museumsquartier in Wien
Bart Lootsma

Das Museumsquartier (MQ) in Wien ist einer der bemerkenswertesten kulturellen Komplexe, die in den letzten Jahrzehnten in einer großen Stadt realisiert worden sind – und er unterscheidet sich stark von den meisten anderen. Obwohl das Museumsquartier von einem Architekturbüro allein, von Ortner & Ortner, entworfen wurde, hat es mehr Ähnlichkeit mit urbanen Ensembles aus den achtziger Jahren, wie das Museumsufer in Frankfurt am Main oder der Museumspark in Rotterdam, als mit den großen Museumsbauten, die die Debatte im letzten Jahrzehnt dominierten, wie das Guggenheim-Museum in Bilbao und die Tate Modern in London. Letztere sind programmatisch und formell isolierte große Gebäude mit einem markanten Erscheinungsbild und beinahe ausschließlich der Präsentation zeitgenössischer Kunst gewidmet. Das Museumsquartier ist im Gegensatz dazu kein Gebäude, es ist ein ganzer Komplex von Gebäuden – und es sind noch nicht einmal alle Museen. Das Museumsquartier ist in erster Linie ein urbanistisches Werk, das aus einer Ansammlung verschiedener bestehender und neu gegründeter kultureller Institutionen in einem Viertel zusammengesetzt ist. Es stellt die urbane Erneuerung eines historischen Teils der Stadt und die Restaurierung und Renovierung eines wichtigen historischen Gebäudekomplexes dar, der um drei neue Bauten erweitert wurde: das Museum Moderner Kunst Stiftung Ludwig (MUMOK), das Leopold Museum und die Kunsthalle Wien.

A Heterotopia of Heterotopias
The MuseumsQuartier in Vienna
Bart Lootsma

The MuseumsQuartier (MQ) in Vienna is one of the most remarkable cultural complexes realized in a major city over the last decades – and it is very different from most of them. Even though the MQ was designed by one architectural firm – Ortner & Ortner – it may bear more resemblance to urban ensembles like the "Museumsufer" in Frankfurt am Main or the "Museumtriangle" in Rotterdam from the nineteen-eighties than to the big museums that dominated the architectural debate over the last decade, such as the Guggenheim in Bilbao and the Tate Modern in London: programmatically and formally isolated big buildings with a striking appearance and almost solely dedicated to the presentation of contemporary art. The MQ in contrast is not a building; it is a complex of buildings – and not even all of them are museums. The MQ is in the first place an act of urbanism that consists of a concentration of different existing and newly founded cultural institutions in one quarter; the urban renewal of a historic part of the city; the restoration and renovation of an important historical and largely landmarked complex of buildings and the insertion of three new buildings: the Museum Moderner Kunst (MUMOK), the Leopold Museum and the Kunsthalle Wien.

As a concentrated programmatic injection, the MQ revitalizes a run-down part of the city of Vienna that has originally been built as the Imperial Stables, but until recently had mainly been in use as a site for commercial exhibitions and trade fairs.

Als programmatische Injektion erweckt das Museumsquartier einen herunterge-
kommenen Teil der Stadt Wien wieder zum Leben, der bei seiner Erbauung als kaiserliche Stallungen diente, der aber bis vor kurzem hauptsächlich als Ort kommerzieller Ausstellungen und Handelsmessen Verwendung fand. Diese programmatische
Wiederbelebung eines Stadtteils erinnert an die Vorschläge und Aktionen radikaler
Architektengruppen der sechziger und siebziger Jahre wie Archigram und Haus-Rucker-Co. Den Kern letzterer Gruppe bildeten übrigens Laurids und Manfred Ortner.
Die dem Projekt zugrunde liegende Idee, die wir schon von den Situationisten Guy
Debord und Constant Nieuwenhuys kennen, besteht darin, eine Stadt als Samm-
lung von Atmosphären und Eindrücken zu verstehen. Wir schlendern durch diese
Stadt, begierig auf besondere Situationen und intensive Erfahrungen, die außerhalb
ökonomischer Kategorien liegen. Kultur bietet eine solche Erfahrung an.

Die Stadt hat sich mehr und mehr zu einer ‚Heterotopie' entwickelt, wie Michel
Foucault dies nannte, zu einer Ansammlung unverbundener Fragmente, zu ‚Anderen Räumen' mit verschiedenartigen Programmen, unter denen die Einwohner
auswählen können und die nur durch ihren oder seinen persönlichen Geschmack
und die individuelle Biografie verbunden sind.[1] Während die Situationisten und
radikalen Architekten der fünfziger und sechziger Jahre niemals wirklich ein kohä-
rentes morphologisches Bild einer solchen Stadt entwickelt haben – mit Ausnahme

1 Michel Foucault, *Die Ordnung der Dinge,*
Suhrkamp, Frankfurt 1971; Michel Foucault,
‚Von anderen Räumen' in: *Schriften in vier Bän-*
den Band IV, Suhrkamp, Frankfurt 2005.

This programmatic revitalization of a quarter reminds of the proposals and actions
of radical teams of architects like Archigram and Haus-Rucker-Co – of which Laurids and Manfred Ortner formed the core – from the nineteen-sixties and -seven-
ties. The idea behind it is that of the city as a collection of atmospheres and am-
biances that we know already from the Situationists, Guy Debord and Constant
Nieuwenhuys. We drift through this city hunting for intense, specific situations
and experiences that escape strictly economic categories. Culture offers such an experience.

More and more, the city has developed in what Michel Foucault called a "heterotopia", a collection of unrelated fragments, "other spaces", with distinct programs
from among which its inhabitants can choose, linked solely by his or her personal
taste and biography.[1] Whereas the Situationists and radical architects of the nine-
teen-fifties and -sixties never really developed a cohesive image of the morphology
of this city – with perhaps the exception of Constant – this image was provided in
the nineteen-seventies and -eighties in a series of concepts (mostly imaginary or
theoretical) that were based on readings of existing historical cities that had under-
gone processes of programmatic transformation. Aldo Rossi's *Analogous City* was
a poetic interpretation of the Lombardian cities of his youth; Colin Rowe's *Collage*
City was based on cities like Florence; Michael Graves extrapolated the *Nolli Plan* for

1 Michel Foucault. *Les Mots et les Choses*. Ed.
Gallimard, Paris, 1966; Michel Foucault. "Of
Other Spaces: Utopias and Heterotopias". In
(among others) Neil Leach (ed.). *Rethinking*
Architecture, a reader in cultural theory. Routledge,
London / New York, 1997.

von vielleicht Constant –, wurde ein solches Bild in den siebziger und achtziger Jahren in einer Reihe von meist nicht realen oder theoretischen Konzepten entworfen. Diese basierten auf Vorstellungen bestehender historischer Städte, die einem Prozess programmatischer Transformation unterlegen waren. Aldo Rossis *Analogous City* war eine poetische Interpretation der lombardischen Städte seiner Jugend. Colin Rowes *Collage City* beruhte auf Städten wie Florenz, Michael Graves extrapolierte Giambattista Nollis Stadtplan von Rom aus dem 18. Jahrhundert für sein *Roma Interrotta*, und die Studie *Stadt in der Stadt* von Oswald Matthias Ungers, Rem Koolhaas und Hans Kollhoff war als Konzept für Berlin gedacht. Vor dem Hintergrund der Rezessionen und des stagnierenden Wachstums der siebziger Jahre gingen alle diese Konzepte von der Annahme aus, dass Städte nicht mehr substanziell wachsen würden. In Ortner & Ortners Entwurf für das Museumsquartier fiel das Verständnis von der Stadt als programmatische Umgebung wie als Sammlung von Fragmenten zusammen.

Diese mehr oder weniger europäische Denkschule deckt sich mit mehr kommerziellen Entwicklungen, die in den USA in den achtziger Jahren sichtbar wurden. Michael Sorkin sammelte verschiedene Beispiele der ‚Themengebung für Städte' in seinem Buch *Variations on a Theme Park. The New American City and the End of Public Space*. ‚Die Stadt, die in diesem Buch beschrieben ist [...], ist nicht einfach ein räumliches Phänomen. Ihr Wachstum ist nicht länger nur physikalisch – ein Prozess enormer Verdichtung oder extensiver Ausdehnung –, die neue Stadt besetzt auch einen

Rome in *Roma Interrotta* and the *Cities within a City* by Oswald Matthias Ungers, Rem Koolhaas and Hans Kollhoff were meant as a concept for Berlin. Against the background of the recessions and the stagnating growth of the nineteen-seventies, these projects all departed from the assumption that cities would not substantially grow. In Ortner & Ortner's design for the MQ, both the approach of the city as a programmable environment and as a collection of fragments come together.

These more or less European lines of thought coincide with more commercial developments that emerged in the United States in the nineteen-eighties. Michael Sorkin collected different examples of this "theming" in his book *Variations on a Theme Park, The New American City and the End of Public Space*. "The city described in this book [...] is not simply a phenomenon of extent. Its growth is no longer merely physical – a matter of egregious densities or metastasizing reach – the new city also occupies a vast, unseen conceptual space. This invisible Cyburbia [...] takes form as necessary, sprouting like sudden mushrooms at capital's promiscuous nodes."[2] Indeed, as a major tourist attraction, the MQ connects to international networks of media and mobility in a rather abstract way. It relates to these flows and could never have been realized without them.

unermesslichen, unsichtbaren konzeptionellen Raum. Diese unsichtbare Cyburbia [...] nimmt notwendigerweise Form an und sprießt wie ein Pilz aus dem Boden des Kapitals.'² Tatsächlich ist das Museumsquartier als große touristische Attraktion mit internationalen Mediennetzwerken auf abstrakte Weise verbunden. Es bezieht sich auf diese Ströme und hätte niemals ohne sie realisiert werden können.

Aber Sorkins Kritik, dass ‚in dieser Stadt kein bestimmtes Gebäude oder ein bestimmter Platz fehle', sondern ‚die Räume dazwischen, die Verbindungen, die den Formen ihren Sinn geben', gilt nicht für Wien. Im Gegenteil, das Museumsquartier befindet sich direkt neben dem Zentrum der Stadt und neben dem Kunsthistorischen und dem Naturhistorischen Museum. Verschiedene Eingänge, Treppen und Wege binden den Komplex an die umgebenden Viertel. Darüber hinaus liegt er über einem Kreuzungspunkt zweier wichtiger U-Bahn-Linien. Die U2 schließt das Museumsquartier an den kulturellen Knotenpunkt Karlsplatz an, während die U3 es mit anderen wichtigen Institutionen verbindet, darunter das Museum für angewandte Kunst und die ‚Gasometer' mit ihrem Kinokomplex und der Halle für Popkonzerte.

Sorkin und seine Co-Autoren äußern sich sehr kritisch über die Themengebung in Städten und die neuen Enklaven, die sie hervorbringt. Sie erklären, dass diese Enklaven so strukturiert worden seien, dass maximale Kontrolle erreicht werde, während eine wirkliche Interaktion zwischen den Bürgern verhindert werde. Dies mag

2 Michael Sorkin, *Variations on a Theme Park. The New American City and the End of Public Space,* Noonday Press, New York 1992.

But Sorkin's critique that "what is missing in this city is not a matter of any particular building or place" but "the spaces in between, the connections that make sense of forms" does not apply to Vienna. On the contrary, the MQ finds itself just next to the city centre and to the existing Museums of Art History and Natural History. Different entrances, stairs and routes stitch the complex to the surrounding residential quarters. Also, the MQ finds itself on top of the crossing of important subway lines. The U2 connects the MQ to the cultural cluster at the Karlsplatz, while the U3 connects the MQ to a series of crucial nodes, including the Museum of Applied Arts and the Gasometer City with its cinema complex and hall for pop concerts.

2 Michael Sorkin. *Variations on a Theme Park, The New American City and the End of Public Space.* Noonday Press, New York, 1992.

Sorkin and his co-authors are very critical about themeing and the new enclaves it produces, stating that they have been structured to achieve maximum control while the idea of authentic interaction between citizens has been purged. While this may be true for many of the American examples mentioned in Sorkin's book and for many examples in Europe also, in the MQ this critique seems to be taken into account. Originally, in the early nineteen-eighties, the City of Vienna planned to turn the site into a shopping mall with hotels but critique of the cultural world very early turned the planning towards a cultural program and in the end to a mixed program dominated by culture. The mix of different buildings and programs turns the MQ into a heterotopia

für viele amerikanische Beispiele, die in Sorkins Buch erwähnt werden, und auch für viele europäische zutreffen, doch in Bezug auf das Museumsquartier muss diese Kritik näher betrachtet werden. In den frühen achtziger Jahren plante die Stadt Wien, auf diesem Gelände eine Shopping Mall mit Hotels zu errichten. Doch die Kritik der Kulturwelt lenkte die Planung schon sehr früh in Richtung auf ein Kulturprogramm. Am Ende wurde es ein gemischtes Programm, das von der Kultur dominiert wird. Die Mischung aus verschiedenen Gebäuden und Programmen verwandelt das Museumsquartier selbst in eine Heterotopie. Da es nicht von einer großen Institution beherrscht wird, sind viele Mitglieder der Kulturszene involviert: als Kuratoren und Mitarbeiter, als Künstler, Architekten oder als Teil des Publikums, das sich ständig neu zusammensetzt.

Mehr noch: Mit einem großen und mehreren kleineren Höfen bringt das Projekt von Ortner & Ortner die Agora zurück, die viele von uns zu vermissen scheinen. Besonders im Sommer ist der Haupthof ein beliebter Treffpunkt, nicht nur der Touristen, sondern auch der Wiener selbst. Sie flanieren, essen oder trinken auf einer der Terrassen, sitzen oder liegen in den zwanglos gruppierten Sitzmöbeln und lesen ein Buch oder sonnen sich. Sie beobachten eine temporäre Installation, eine Vorführung oder einfach nur, wie die Leute die theatralisch gestaltete Treppe herabsteigen, die zum Eingang des Museums Moderner Kunst führt. Neben den Ausstellungen, den Tanzvorführungen und den Theaterstücken kann man die Cafés und Restaurants im

in itself. Because the MQ is not dominated by one big institution, many people from the Viennese cultural scene are indeed involved: as curators and staff members, as artists or architects, working in the cafés and as members of different audiences that constantly regroup.

More than that, with its large internal square and the two smaller ones, the project of Ortner & Ortner reintroduces the agora that many of us seem to be missing. Particularly in summer, this is the place were all kinds of people meet, not just tourists but particularly the Viennese. They may simply stroll across it, have a drink or meal on one of the terraces, sit or lie on the informal mobile furniture and read a book or recline in the sun and watch a temporary installation or performance or simply watch people descending the theatrical staircase that leads to the entrance of the Museum Moderner Kunst. Apart from the exhibitions, the dance performances and theatre plays one may visit and the cafés and restaurants in the MQ where one may eat or drink, this square – more than its buildings – is its main attraction. It recalls Camillo Sitte's introduction to *Der Städtebau nach seinen künstlerischen Grundsätzen*, in which he contemplates the beautiful memories of his travels that are mainly the result of his experience of beautiful squares. The chapter is illustrated with plans of the greatest public places from history: the Forum in Pompei, the Forum Romanum, Olympia, the Acropolis.[3] And

Museumsquartier besuchen – dieser Hof ist, mehr noch als die Gebäude es sind, die Hauptattraktion des Museumsquartiers. Er erinnert an Camillo Sittes Einleitung zu *Der Städtebau nach seinen künstlerischen Grundsätzen*. In diesem Text hängt Sitte seinen Erinnerungen an Reisen nach, Erinnerungen, die hauptsächlich aus der Erfahrung von schönen Plätzen bestehen. Der Text ist mit Plänen der schönsten öffentlichen Plätze der Geschichte illustriert: das Forum in Pompeji, das Forum Romanum, Olympia, die Akropolis.[3] Und tatsächlich ähneln diese Pläne dem des Museumsquartiers, das ebenfalls aus einem offenen Platz besteht, der von einer Reihe von Gebäuden in zwangloser Anordnung umgeben ist, was dem Ganzen ein malerisches Aussehen verleiht. Der große Hof des Museumsquartiers erfüllt alle Anforderungen Sittes: Es besteht eine Relation zwischen dem Hof und den ihn umgebenden Gebäuden, die Mitte ist offen, der Hof ist umgeben von Fassaden und hat, darin einer Piazza in Südeuropa ähnlich, eine unregelmäßige Form. Als ein Forum stellt er eine Art von Theater dar, aber eine gewisse Art von Theater war der Platz ja mehr oder weniger immer gewesen. Der Säulengang vor Leopold Mayers Reithalle war niemals als Eingang gedacht: Er erschloss einen Raum, um die Pferde von oben zu beobachten.

Es ist faszinierend, diese Annäherung an Sittes Ideen hier an den Wiener Ringen zu finden, denn der Bau der Ringstraße war der Anlass für Sitte, *Der Städtebau* zu schreiben. Sitte kritisierte, dass alle die monumentalen Bauten an diesem Boulevard, der die historische Innenstadt umgibt, isoliert auf einem freien Feld ständen – auf den

3 Camillo Sitte, *Der Städtebau nach seinen künstlerischen Grundsätzen*. Camillo Sitte, *Gesamtausgabe, Teilband 3*, Böhlau, Wien 2003.

indeed, these plans bear some resemblance to the plan of the MQ, which also consists of an open space, informally surrounded by buildings offering picturesque effects. The large square of the MQ meets all of Sitte's demands: there is a relationship between the square and the surrounding buildings, the centre is kept open, the square is enclosed by façades and it is irregular in shape – thus similar to a piazza in southern Europe. Indeed, as a forum, it is a kind of theatre – which, in fact, it has always been, more or less. The portico in front of Leopold Mayer's winter riding hall was never meant as an entrance: it offered a space to watch the horses from above.

It is intriguing to find this Sitte-esque approach here at the ringroads in Vienna as the creation of the Ringstrasse was the occasion for Sitte to write *Der Städtebau*. Sitte criticized the fact that all the monumental buildings along this boulevard surrounding the historic city stand isolated in an open field – the former fortifications and glacis. He had no problem with the historicizing styles but demanded appropriate settings such as the agora, the forum and the marketplace. "The Ringstrasse embodied the worst features of a heartless utilitarian rationalism. On the Ringstrasse, 'the rage for open space' – the broad street ungovernable by the eye, the wide squares – isolated both human beings and buildings. Sitte argued that a new neurosis was in the making: agoraphobia (*Platzscheu*), a fear of crossing vast urban spaces. People felt dwarfed by

3 Camillo Sitte. *Der Städtebau nach seinen künstlerischen Grundsätzen*. Camillo Sitte Gesamtausgabe, Teilband 3, Böhlau, Wien, 2003

früheren Befestigungen und dem Glacis. Er hatte an den historisierenden Stilen nichts auszusetzen, verlangte aber einen geeigneten Rahmen wie eine Agora, ein Forum oder einen Marktplatz. ‚Die Ringstraße verkörpert die schlechtesten Eigenschaften eines herzlosen Rationalismus. Auf der Ringstraße isoliert die „Jagd nach dem offenen Raum"– die breite Straße, die kaum zu überblicken ist, die weiten Plätze – den Menschen wie auch die Gebäude. Sitte beklagte, dass eine neue Neurose in Erscheinung trete: die Agoraphobia (Platzscheu), die Angst, große städtische Plätze zu überqueren. Die Menschen fühlten sich durch den Raum geschrumpft und ohnmächtig im Angesicht der Fahrzeuge, denen er anvertraut worden war.'[4] Die kaiserlichen Stallungen wurden, lange vor der Ringstraße, von dem berühmten Barockarchitekten Johann Bernhard Fischer von Erlach außerhalb des Glacis errichtet. Noch immer sind sie, mit ihrer Symmetrie und ihrer barocken Architektur, als ein monumentales urbanes Fragment nahe dem Ring gelegen und wetteifern mit Gebäuden wie dem Parlament, dem Rathaus und dem Volkstheater, die schmaler, aber höher sind.
Die Größe der Stallungen, die zu einem ganzen Gebäudekomplex geworden sind, und die Art und Weise, wie sie mit den hinter ihnen liegenden Vierteln aus dem 18. und 19. Jahrhundert verbunden sind, machten es möglich, dass sie heute eine kleine Stadt für sich bilden.

Nach Carl Schorske, der einen berühmten Essay über Camillo Sitte und Otto Wagner schrieb – Letzterer war als Jugendstilarchitekt ein Repräsentant einer noch moderneren

space, and impotent in the face of the vehicles to which it has been consigned."[4] The Imperial Stables were built outside of the glacis long before the construction of the Ringstrasse, by the famous baroque architect Johann Bernhard Fischer von Erlach. Still, as a monumental urban fragment, with its symmetry and baroque architectural quality, it is now similarly situated near the Ring and competes with buildings like the Parliament, the Town Hall and the Volkstheater, that are smaller but also higher.
The vast scale of the stables, the complex they have become and the way they attach to the eighteenth and nineteenth century quarters behind them, today allows them to become a small city themselves.

According to Carl Schorske, who wrote a famous essay on Camillo Sitte and Otto Wagner – the latter a representative of an even more modern rational approach that favoured the use of grids – "Sitte exalted the free forms of ancient and medieval cityspace organization: irregular streets and squares, which arose not on the drawing board but 'in natura'."[5] This preference for a grown reality is somehow echoed in the philosophy of the Ortners, although they accept the contemporary city ("An amnesty for constructed reality") as a grown city as well and lack Sitte's humanist sentimentalism.[6] For the Ortners, the contemporary city is a democratic city, whereby democratic is meant in the way Tocqueville analyzed the American city.[7] It is a place which may

rationalen Auffassung, die Raster bevorzugte – ‚erhöhte Sitte die freien Formen antiker und mittelalterlicher Stadtgestaltung: unregelmäßige Straßen und Plätze, die nicht dem Reißbrett entspringen, sondern „der Natur".‘[5] Diese Bevorzugung einer gewachsenen Wirklichkeit kommt auch in der Philosophie der Ortners zum Ausdruck, die die zeitgenössische Stadt als eine gewachsene Stadt akzeptieren (‚Amnestie für die gebaute Realität') und sich Sittes humanistische Sentimentalität nicht zu eigen machen.[6] Für die Ortners ist die Stadt der Gegenwart eine demokratische Stadt, wobei ‚demokratisch' so gemeint ist, wie Tocqueville die amerikanische Stadt analysiert hat.[7] Sie ist eine Stadt, die größtenteils aus mediokrer Masse bestehen mag, aber einige herausragende Monumente enthält. Aber da der Entwurf für das Museumsquartier das Ergebnis eines Wettbewerbs ist und Ortner & Ortner alle neuen Gebäude für diesen geplant haben, ist er nicht wirklich demokratisch im Sinne eines partizipatorischen Projekts – auch dann nicht, wenn, wie geschehen, die Programme und Entwürfe unter dem Einfluss der Politik, der Bürgerinitiativen und verschiedener Museumsdirektoren viele Male verändert wurden. Alle diese Änderungswünsche, die in verwirrender Schnelligkeit aufeinander folgten, hatten ihre eigenen architektonischen Anforderungen, aber keiner von ihnen schien wirklich an dem Museumsquartier als Ganzem interessiert zu sein. Deswegen ahmten die Ortners wie Sitte in großen Teilen einen natürlichen Prozess nach.

Allerdings ist ein Unterschied zu Sitte festzustellen durch die Art, wie die Ortners die neuen Bauten des Leopold Museums, des Museums Moderner Kunst und der Kunsthalle

4 Carl Schorske, *Fin-de-Siecle. Vienna, Culture and Politics,* Vintage Books, New York 1981.
5 Ebenda.
6 Laurids Ortner, ‚Amnestie für die gebaute Realität', in: *Werk Archithese,* 17/18, Mai / Juni, 1978.
7 Alexis de Tocqueville, *Democracy in America.* Der gesamte Text ist einsehbar unter: http://xroads.virginia.edu/~HYPER/ DETOC/toc__indx.html

consist largely of mediocre pulp, with some outstanding monuments in it. But, as the design for the MQ is the result of a competition and Ortner & Ortner planned all the new buildings for it, it is not really democratic in the sense of being a participatory project – even if the programs and the designs that succeeded each other in dazzling speed were changed many times under the influence of politics, citizens' initiatives and different museum directors: every one having his own architectural demands and none of them seeming really interested in the MQ as a whole. Just like Sitte, therefore, the Ortners largely mimicked a 'natural' process.

There is also a difference to Sitte in the way the Ortners place the new buildings of the Leopold Museum, the Museum Moderner Kunst and the Kunsthalle on the square. The aesthetical approach is not just guided by the eye, to achieve a pleasing aesthetical effect, but is more conceptual. The Museum Moderner Kunst and the Leopold Museum stand there quasi-informally, but in fact take up the directions of the quarters behind them, thus bringing in the civil society within the imperial bastion, while carefully balancing the different histories in the city. The aesthetic effect is puzzling and almost awkward – but this is a conscious choice. There is no desire in this project to smoothen out ruptures, cracks or contradictions in our culture. It similar to the kind of awkwardness that Laurids Ortner admires in Adolf Loos' house

4 Carl Schorske. *Fin-de-Siecle Vienna, Culture and Politics.* Vintage Books, New York, 1981.
5 See note 4.
6 Laurids Ortner. "Amnestie für die gebaute Realität". *Werk Archithese,* 17 / 18, Mai / Juni, 1978.
7 Alexis de Tocqueville. *Democracy in America,* The full text, http://xroads.virginia. edu/~HYPER/DETOC/toc__indx.html

auf dem Hof platzierten. Der ästhetische Hintergedanke dabei ist nicht Gefälligkeit für das betrachtende Auge, sondern mehr konzeptueller Art. Das Museum Moderner Kunst und das Leopold Museum sind gleichsam informell platziert, folgen aber in Wirklichkeit den Richtungen der hinter ihnen liegenden Viertel und bringen so die Zivilgesellschaft in die kaiserliche Bastion, immer darauf bedacht, die historische Vielfalt zu bewahren. Der ästhetische Effekt ist verwirrend und wirkt beinahe unbeholfen – aber dies ist durchaus gewollt. Mit diesem Projekt war nie beabsichtigt, Brüche, Sprünge und Widersprüche in unserer Kultur zu glätten. Darin ähnelt es der Art von Unbeholfenheit, die Laurids Ortner an Adolf Loos'es Haus am Michaelerplatz bewundert. Auch dort können wir den offenen Konflikt verschiedener Einflüsse feststellen: den Unterschied zwischen der Straße und der Form des Hofes, verschiedene Programme und verschiedene stilistische Anforderungen. Aber es kommt auch hier wieder die heterotopische Auffassung von Kultur im Sinne Foucaults zum Ausdruck, so wie er sie in seinem Essay *Des espaces autres*, aber auch in seinem Vorwort von *Die Ordnung der Dinge* beschrieben hat.[8]

Die drei neuen Gebäude von Ortner & Ortner schwanken zwischen einer gewissen Ausdruckslosigkeit und dem Rückgriff auf die Stilmittel vergangener Zeiten.
Das Leopold Museum ist ein Bau, der durch seinen strengen Modernismus mit klassischen Untertönen an einige Bauten von Rafael Moneo erinnert. Es weist eine adäquate Gliederung mit einer großen Fülle von Räumen auf, die für die bestehende Sammlung geeignet sind. Diese umfasst österreichische Gemälde des späten 19. und

on the Michaelerplatz, in which we equally see the open struggle with different influences: the difference between street and the form of the square, different programs and different stylistic demands. But also, it is again a heterotopian approach to culture as Foucault demanded, not only in his essay *Of Other Spaces*, but also in his preface to *The Order of Things*.[8]

The three newly inserted buildings by Ortner & Ortner themselves oscillate between blankness and eclecticism.
The Leopold Museum is a building that, in its austere modernism with classical overtones echoes some of the work of Rafael Moneo. It offers an adequate organization with a wide variety of spaces that are suitable for the existing collection, consisting of Austrian paintings from the nineteenth century fin-de-siècle onwards. Four blocks in a barely perceptible swastika arrangement surround a high void vaguely reminiscent of several of Gerrit Rietveld's museum buildings, such as the Zonnehof in Amersfoort or the Van Gogh Museum in Amsterdam. Very different from the latter, the Leopold Museum has a sharply cut sleek façade and roof coverage in travertine, giving it a certain timelessness.
The Museum Moderner Kunst in contrast is a completely closed black basalt block with slightly rounded contours. It calls to mind Ben van Berkel's power station in

20. Jahrhunderts. Vier Blöcke, deren Anordnung entfernt an ein Hakenkreuz erinnert, umgeben einen hohen, leeren Raum. Sie erinnern vage an mehrere Bauten von Gerrit Rietveld, wie das Museum De Zonnehof in Amersfoort oder das Rijksmuseum Vincent Van Gogh in Amsterdam. Aber im Unterschied zu dem Letzteren hat das Leopold Museum eine scharf geschnittene glatte Fassade und eine Hülle aus weißem Muschelkalk, die ihm eine gewisse Zeitlosigkeit verleihen.

Im Gegensatz dazu ist das Museum Moderner Kunst ein vollkommen geschlossener Block aus schwarzem Basalt mit sanft gerundeten Konturen. Es zeigt mehr Anklänge an Ben van Berkels Transformatorenhaus in Amersfoort oder an den schwarzen Stein, der eine bedeutende Rolle in Stanley Kubricks Film *2001: Odyssee im Weltraum* spielte, als an bekannte Museen. Unzweifelhaft hat es etwas von einem Mausoleum – vor allem da man es von einem höheren Niveau aus betritt, was vom Inneren aus das Kellergeschoß tiefer erscheinen lässt, als es ist. Auch das Museum Moderner Kunst ist um einen leeren Raum herum gebaut, der das Gebäude von oben bis unten durchdringt und der in demselben Material wie die Fassade gehalten ist. Er beherbergt ein eisernes und schön gestaltetes Treppenhaus und transparente Aufzüge, die ihm ein industrielles Erscheinungsbild geben. Gegenwärtig ist die Sammlung noch sehr unausgeglichen und im Prozess des Wachstums begriffen. Um ein Programm mit wechselnden Ausstellungen zu ermöglichen, sind die Räume flexibel gestaltet. Sie sind alle künstlich beleuchtet, nicht weil Museen zunehmend das schädigende Sonnenlicht vermeiden, sondern um Installationen der Medienkunst zu ermöglichen.

8 Michel Foucault, *Die Ordnung der Dinge*, Suhrkamp, Frankfurt 1971; Michel Foucault, ‚Von anderen Räumen‘ in: *Schriften in vier Bänden* Band IV, Suhrkamp, Frankfurt 2005.

Amersfoort or the black stone that plays a crucial role in Stanley Kubrick's *2001* than of known museums. Undeniably, it has something of a mausoleum – also because one enters on a higher level, which, from the inside, makes the basement seem deeper than it is. Also, the Museum of Modern Art is organized around a void piercing the building from top to bottom and clad with the same material as the façade. It houses a spectacular and beautifully designed iron staircase and transparent elevators that lend it an industrial appearance. As up to the present the collection is extremely unbalanced and still in a process of growth, and to allow for a program with largely temporary exhibitions, all spaces are flexible. They are all artificially lit, not just because museums increasingly try to avoid damaging sunlight, but also to allow for installations of media art.

The Kunsthalle is strangely hidden, like a parasite, behind the winter riding hall, a landmark building by Leopold Mayer that has been internally transformed into a theatre and events hall. It shares its entrance and lobby with the theatre, which produces a strange and alienating effect. It has been clad completely in orange brick.

8 Michel Foucault. *Les Mots et les Choses*. Ed. Gallimard, Paris, 1966; Michel Foucault. "Of Other Spaces: Utopias and Heterotopias". In (among others) Neil Leach (ed.). *Rethinking Architecture, a reader in cultural theory*. Routledge, London / New York, 1997.

Even if the three new buildings are very different, what they share is a strong and simple form and the treatment of each in a single material: travertine for the Leopold Museum, basalt for the Museum Moderner Kunst and orange brick for the Kunsthalle.

Die Kunsthalle ist auf merkwürdige Weise hinter der Reithalle verborgen; diese ist ein Gebäude von Hofbaumeister Leopold Mayer, das im Inneren in ein Theater und eine Veranstaltungshalle umgebaut wurde. Die Kunsthalle teilt Eingang und Lobby mit dem Theater, was einen befremdenden Eindruck hervorruft. Sie ist vollständig mit orangefarbenen Ziegelstein verkleidet.

Die drei neuen Gebäude mögen sehr unterschiedlich gestaltet sein, aber sie haben eine einfache und strenge Form gemein. Jedes ist in einem anderen Material erbaut worden: Weißer Muschelkalk wurde für das Leopold Museum verwendet, Basalt für das Museum Moderner Kunst, und orangener Klinker kamen für die Kunsthalle zum Einsatz. Auch diese drei Bauten stehen deshalb in einem heterotopischen Verhältnis zueinander. Die Ortners versuchen nicht, mit ihren Bauten gesellschaftsverändernde Ziele zu verknüpfen, und in diesem Sinne hat das Projekt keine didaktischen Ambitionen. Dennoch verlangt der Komplex mit ungefähr 20 verschiedenen Institutionen an einem Ort eine Erklärung, wie sie zusammenarbeiten könnten – selbst wenn die Kooperationen, Synergien, Brüche oder Konflikte nicht voraussehbar sind. Besser formuliert: Diese Verbindungen untereinander wollen nicht voraussehbar sein und deshalb auch nicht projektiert oder vorgeschrieben werden. Denn dies würde verhindern, dass neue, unerwartete Verbindungen entstehen, die sich im Laufe der Zeit auf ganz unterschiedliche Weise ergeben können. Vom Beginn des Entwurfsprozesses an waren diese Kräfte am Werk. Sie veränderten das Projekt, fügten neue Institutionen und Schichten hinzu und entfernten andere. Dieser Prozess dauert auch nach der Realisierung

Therefore they have a strange, again heterotopian, relationship. The Ortners try to remain distant from the aim of wanting to change society with their buildings and indeed, in that sense there is nothing didactic or manipulative about their project. Still, the complex of around twenty different institutions on one place demands a statement about the expectations of how they might work together – even if the collaborations, synergies, frictions and conflicts cannot be foreseen. Or better: these relationships do not want to be foreseen and certainly do not want to be projected or prescribed, as this would limit the emergence of unexpected new relationships to be formed differently over time. From the beginning of the design process on, these forces have been at work, changing the project, adding new institutions and layers while removing others. It is a process that continued immediately after the realization of the MQ, with many conversions, also by other architects, like the wonderful Café Una by Lacaton & Vassal, and it will continue forever more changing the project. It is a process that is typical for a city and brings it alive. Having faith in the rightness of this process is in a way typical for Viennese architecture and Hermann Czech has written a beautiful essay about it.[9] What is special about the MQ by Ortner & Ortner is that it is not just a renovation in itself but allows for a constant renovation as well.

des Museumquartiers weiter an. Er bringt viele Verwandlungen hervor, auch durch andere Architekten, wie das Café Una von Lacaton & Vassal beweist, und er wird auch weiterhin andauern und das Projekt immer mehr verändern. Dies ist eine für eine Stadt typische Entwicklung, die sie zum Leben erweckt. In die Richtigkeit dieses Prozesses Vertrauen zu setzen ist typisch für die Wiener Architektur, und Hermann Czech hat einen wunderbaren Essay darüber verfasst.[9] So ist es typisch für das Museumsquartier von Ortner & Ortner, dass es nicht nur eine Renovation ist, sondern auch eine permanente Renovierung erlaubt.

Dennoch werden die drei etwas rätselhaften Objekte mit hoher Wahrscheinlichkeit immer an ihrem Ort bleiben. In ihrer formalen Perfektion und Halsstarrigkeit können sie auch gar nicht verändert werden. Trotz der Entscheidung, alle drei mit unterschiedlichen Materialien zu bearbeiten, die sie zu massiven Objekten macht, präsentieren Ortner & Ortner eine Idee über eine Verbindung zwischen ihnen, die über das Formale hinausgeht. Dies wird besonders im Modell deutlich, das gewisse Skulpturen von Joseph Beuys ins Gedächtnis ruft, der stets eine wichtige Inspirationsquelle für die Ortners war. Die verschiedenen Materialien suggerieren, dass von ihnen ein elektrochemischer Prozess ausgehen könnte, so als ob sie zusammen einen Kondensator bildeten, der sich selbst auflädt. In Beuys Denken bedeutet dies, dass das Museumsquartier ein großer sozialer Kondensator ist, der kontinuierlich Wiens kulturelle Energie auflädt und verändert.

9 Hermann Czech, ‚Der Umbau', in: In Hermann Czech, *Zur Abwechslung. Ausgewählte Schriften zur Architektur. Wien*. Löcker, Wien 1996 (1978).

———

What will probably not change is that there will always be the three slightly enigmatic objects that, in their formal perfection and stubbornness, cannot be changed. Through the decision to present all three in three different material treatments, in a way that makes them appear like massive material objects, Ortner & Ortner do present an idea about a relationship between them that goes beyond the formal. This becomes clear in the model in particular that recalls certain sculptures by Joseph Beuys, who was always an important inspirational source for the Ortners. The different materials suggest that an electro-chemical process could start from them, as if together they were a condenser hat that charges itself up. In line with Beuys' thinking, this suggests that the MQ is a giant social condenser to continually charge and transform Vienna's collective cultural energy.

9 Hermann Czech. "Der Umbau", in: Hermann Czech. *Zur Abwechslung. Ausgewählte Schriften zur Architektur. Wien*. Löcker, Wien, 1996 (1978).

———

Biografien
Biographies

Laurids Ortner

Architekturstudium an der TU Wien. 1967 Mit-
begründer der Architekten- und Künstlergruppe
Haus-Rucker-Co in Wien.
Von 1970–87 Atelier Haus-Rucker-Co in Düsseldorf mit Günter Zamp Kelp und Manfred Ortner.
1976–87 Professor an der Universität für künst-
lerische und industrielle Gestaltung in Linz. Seit
1987 Professor für Baukunst an der Staatlichen
Kunstakademie Düsseldorf.

Studied architecture at the Vienna University of
Technology (TU Wien). Co-founded the architect
and artist group Haus-Rucker-Co in Vienna
in 1967.
From 1970–87 Atelier Haus-Rucker-Co in Düs-
seldorf with Günter Zamp Kelp and Manfred
Ortner.
Professor at the University of Art and Industrial
Design in Linz from 1976–87. Since 1987, profes-
sor of architecture at the Art Academy Düsseldorf.

Manfred Ortner

Studium der Malerei und Kunsterziehung an
der Akademie der Bildenden Künste Wien, der
Geschichte an der Universität Wien.
1966–71 Lehrtätigkeit als Kunsterzieher.
1971–87 Atelier Haus-Rucker-Co in Düsseldorf
mit Günter Zamp Kelp und Laurids Ortner.
1993 Mitglied der Architektenkammer Nordrhein-Westfalen.
Seit 1994 Professor für Entwerfen, Architektur-
fakultät FH Potsdam.

Studied painting and art education at the
Academy of Fine Arts Vienna, and history at the
University of Vienna.
From 1966–71 art instructor. From 1971–87
Atelier Haus-Rucker-Co in Düsseldorf with
Günter Zamp Kelp and Laurids Ortner.
Member of the Chamber of Architects of
Nordrhein-Westfalen, 1993.
Since 1994 professor of design at the architec-
tural school FH Potsdam.

Ortner & Ortner

1987 Gründung des gemeinsamen Architekturbüros Ortner Architekten in Düsseldorf. Seit
1990 Ortner & Ortner Baukunst in Wien, seit
1994 in Berlin und seit 2006 in Köln.

1987 Founding of the architecture office Ortner
Architekten in Düsseldorf. Since 1990, Ortner &
Ortner Baukunst in Vienna; since 1994 in Berlin,
and since 2006 in Cologne.

Haus-Rucker-Co

1967 Gründung von Haus-Rucker-Co durch Laurids Ortner, Günter Zamp Kelp und Klaus Pinter
in Wien.
1970 Eröffnung von Studios in Düsseldorf und
New York.
1971 Eintritt von Manfred Ortner.
1972 Eigenständige Studios: Haus-Rucker-Co in
Düsseldorf (mit Laurids Ortner, Günther Zamp
Kelp, Manfred Ortner),
Haus-Rucker-Inc. in New York (mit Klaus Pinter,
Caroll Michels u.a.)
1987 Eröffnung eigenständiger Architekturbüros
durch Laurids Ortner und Manfred Ortner, und
Günter Zamp Kelp.
1992 Auflösung von Haus-Rucker-Co.

Founding of Haus-Rucker-Co by Laurids Ortner,
Günter Zamp Kelp, and Klaus Pinter in Vienna.
1970 Opening of studios in Düsseldorf and New
York.
1971 Manfred Ortner joins.
1972 Independent studios: Haus-Rucker-Co in
Düsseldorf (with Laurids Ortner, Günther Zamp
Kelp, and Manfred Ortner),
Haus-Rucker-Inc. in New York (with Klaus Pinter,
Caroll Michels, among others)
Opening of independent architectural offices by
Laurids Ortner and Manfred Ortner, and Günter
Zamp Kelp.
1992 Disbanding of Haus-Rucker-Co.

Manuela Hötzl

seit 1994 freie Journalistin in Wien, Architektur-
kritikerin. Ständige Mitarbeit bei *FORUM. Architektur & Bauforum* (A) sowie *SPIKE art quarterly* (A).
2000 Gründung des Redaktionsbueros Wien
(zusammen mit Antje Mayer); seit 2004 Chefre-
daktion von *REPORT / Magazine for Arts and Civil
Society in Central Europe*. Zahlreiche Buchbeiträge,
Redaktionen, Lehraufträge (seit 2002, TU Wien,
‚Institut für Visuelle Gestaltung‘).
2006 *Einfach! Architektur aus Österreich* (Hrg. FSB,
Verlag Haus der Architektur, Graz).

Since 1994, freelance journalist in Vienna, architecture critic. Steady work with *FORUM. Architektur & Bauforum,* and *SPIKE art quarterly.*
In 2000, founding of Redaktionsbüro Wien
(together with Antje Mayer); since 2004 managing editor of *REPORT / Magazine for Arts and Civil
Society in Central Europe,* numerous book contributions, editing and teaching positions (since 2002,
TU Vienna, Institut für Visuelle Gestaltung).
2006, *Einfach! Architektur aus Österreich,* ed. FSB,
Verlag Haus der Architektur, Graz).

Ernst Hubeli

Dipl. Arch. ETH, Univ.-Prof., Leiter Institut für
Städtebau an der TU Graz.
Seit 1982 Mitinhaber des Planungs- und Architekturbüros Herczog Hubeli GmbH, Zürich. Chefre-
daktion *Werk, Bauen+Wohnen* 1985 – 2000.
Aktuelle Baurealisierungen: Genossenschafts-
siedlungen in Graubünden und Zürich, Wohn-
und Bürohaus in Lugano, Indianermuseum in
Zürich, Eventhallen in Zürich-Nord, Überbauung
Steinfelsareal in Zürich-West, Güterstrasse
Plätze und Höfe Basel, Gartensiedlung in Olten,
urbanes Servicehaus in Zürich. Laufende Pro-
jekte: Hochschule der Künste, Wohnhochhaus
in Zürich-West, Kongresshaus in Winterthur,
Oederlin-Areal, Gesamtüberbauung und Teras-
sensiedlung in Ennetbaden, Transformation einer
Plattengrosssiedlung in Bratislava u.a.
Forschung: Öffentlichkeit und öffentlicher
Raum, Architektur und Politik, Industriebrachen,
Verdichtungspotenziale von Stadträndern,
Bewährung von Innovationen im Wohnungsbau,
Neue Rollen von Hochhäusern, urbane Zukunfts-
szenarien.

Dipl.Arch. ETH, Univ.Prof., Director of the
Institute of Urbanism at the Graz University of
Technology (TU Graz).
Since 1982 co-owner of the planning and
architectural office Herczog Hubeli GmbH,
Zurich. Managing editor of *Werk, Bauen+Wohnen*
1985 – 2000.
Currently realized building projects: coopera-
tive housing developments in Graubünden and
Zurich, residential and office building in Lugano,
North American Native Museum (NONAM)
in Zurich, event halls in Zurich-Nord, superstructure over the Steinfelsareal in Zurich-West,
squares and courtyards, Güterstrasse Basel,
garden estates in Olten, urban service in Zurich.
Current projects include: Zurich Univerity of the
Arts, residential high-rise in Zurich-West, Congress house in Winterthur, Oederlin Areal, general structure and terrace units in Ennetbaden,
transformation of prefab high-rises in Bratislava.
Research projects: public and public space,
architecture and politics, industrial wastelands,
aggregation potential of peripheral urban areas,
examining value of innovations in residential
building, new roles for high-rises, urban scenarios of the future.

Bart Lootsma

Historiker, Kritiker und Kurator in den Be-
reichen Architektur, Design, visuelle Künste.
Derzeit Professor für Architekturtheorie an der
Leopold-Franzens Universität Innsbruck und der
Akademie der Künste in Wien. Forschungsleiter
im ETH Studio Basel. Visiting Professor an der
Akademie der Bildenden Künste in Nürnberg.
Visiting Professor für Architekturgeschichte
und -theorie an der Universität für Angewandte
Kunst in Wien. Thesistutor am Berlage Institute
Rotterdam. Editor bei ao. *Forum, de Architect,
ARCHIS, Daidalos* und *GAM.* Publikationen: Zu-
sammen mit Dich Rijken *Media and Architecture,*
VPRO / Berlage Institute, 1998, *SuperDutch,* Tha-
mes & Hudson, Princeton Architectural Press,
DVA and SUN, 2000; *ArchiLab 2004 The Naked
City by HYX,* Orléans 2004.

Historian, critic and curator in the fields of
architecture, design, and the visual arts; currently
professor for architectural theory at the

Leopold-Franzens University in Innsbruck and at
the Academy of Fine Arts in Vienna. Head of Scientific Research at the ETH Zurich, Studio Basel.
Visiting professor at the Academy of Fine Arts in
Nürnberg, visiting professor for architectural his-
tory and theory at the University of Applied Arts
in Vienna, thesis tutor at the Berlage Institute
in Rotterdam. Editor of, a.o. *Forum, de Architect,
ARCHIS, Daidalos* and *GAM.* Books: Together with
Dich Rijken *Media and Architecture,* VPRO / Ber-
lage Institute, 1998, *SuperDutch,* Thames &
Hudson, Princeton Architectural Press, DVA and
SUN, 2000; *ArchiLab 2004. The Naked City by
HYX,* Orleans 2004.

Sophie Lovell

Freiberuflich als Verfasserin, Herausgeberin und
Beraterin in den Bereichen Architektur und Design tätig. Deutschlandkorrespondentin für das
Magazin *Wallpaper**. Wirkte als beratende Kura-
torin bei der Ausstellung für Urban Drift sowie
als Mitherausgeberin des Buches *Talking Cities,*
das 2006 bei Birkhäuser erschien. English Editor
von *Convertible Cities,* der *Archplus*-Publikation zur
Ausstellung im Deutschen Pavillon während der
Architektur Biennale Venedig 2006. Ihr jüngstes
Buch: ‚Furnish‘ – *Furniture and Interior Design for
the 21st Century* ist 2007 im Die Gestalten Verlag
herausgekommen.

Freelance writer, editor, and consultant in the
fields of architecture and design; perhaps best
known as the Germany editor of *Wallpaper**
magazine. She was curatorial advisor for the exhibition "Urban Drift" and co-editor of the book
Talking Cities – the micropolitics of urban space, published 2006 by Birkhäuser Verlag and English
editor of *Convertible Cities,* the *Arch+* publication
accompanying the German pavilion exhibition at
the Venice Architecture Biennale 2006. Her most
recent book ‚Furnish‘ – *Furniture and Interior Design
for the 21st Century* was published by Die Gestalten
Verlag in 2007.

Credits

Musicon Bremen
Hanns-Peter Wulf
Michael Shamiyeh
Laura Fogarasi
Dominik Neidlinger
Christoph Schmuck

ARD Hauptstadtstudios
Hanns-Peter Wulf
Nicole Beier
Andreas Benzing
Thomas Emmrich
Laura Fogarasi
Edda Lehmann
Dominik Neidlinger
Ulrich Neumann
Anna-Carina Popp

Kulturzentrum Aachen
Markus Müller
Christopher Kühn
Philipp Kapteina

Kulturforum Westfalen
Christian Heuchel
Björn Severin
Sascha Meis

Stadtcasino Basel
Harald Lutz
Florian Schätz
Alexander Kopper
Veronika Pauly
Arzt Natalie

Ronacher Theater
Harald Lutz
Sascha Meis
Julie Moes

Musiktheater Linz
Christian Heuchel
Helena Feldmann
Sebastian Wiswedel

Mixed Media Center
Harald Lutz
Rosa Borscova

Halle E+G
Museumsquartier Wien
Christian Lichtenwagner
Walter Beer
Leszek Liska
Heimo Math

Schiffbau
Theater- und Kulturzentrum
des Schauspielhauses Zürich
Harald Lutz
Marko Dumpelnik
Martina Küng-Fürlinger
Peter Neufang
Martin Pasko
Igor Rozic
Markus Stöger
Sven Szokolay
Dieter Uhrig

Hauptbibliothek Wien
Harald Lutz
Sven Szokolay

Leseturm
Christian Lichtenwagner
Rosa Borscova

Bibliothekszentrum Bozen,
Le Tre
Christian Heuchel
Jo Meyer
Sascha Meis

Universitätsbibliothek
Magdeburg
Markus Müller
Kristin Weber

Deutsche Schule
Harald Lutz
Florian Schätz
Natalie Arzt
Oliver Otte

Universitätsbibliothek
Darmstadt
Christian Heuchel
Helena Feldmann

Staatsbibliothek Berlin
Julia Bodenstein
Ulrike Hahn
Stephan Motz

S.L.U.B. Sächsische Landes-
bibliothek Staats- und
Universitätsbibliothek Dresden
Christian Lichtenwagner
Walter Beer
Sven Szokolay
Ulrich Wedel
Rudi Finsterwalder
Michael Ewerhart
Michael Adlkofer
Holger Augst
Maria Baptista
Roland Duda
Eva Jedelhauser
Ermelinda Hartwich
Thorsten Heine
Heike Simon
Marietta Rothe
Robert Westphal
Hans Witschurke
Seit 1999 Planungsarge
S.L.U.B.:
Ortner & Ortner und ATP
Achamer-Tritthart & Part-
ner, München

Ausstellung Haus-Rucker-Co
Aliki Palamianakis

Design Center
Walter Hösel
Sabine Krischan
Sven Szokolay
Reinhard Hörl
Monika Breu

Museum Brandhorst
Harald Lutz
Florian Schätz
Rosa Borscova
Alexander Kopper

Ausstellungshalle KHM
Christian Heuchel
Helena Feldmann

Deutsches Historisches Museum
Dietmar Lenz
Peter Schmidt

Museumsquartier Wien
Wettbewerb 1. Stufe:
Günter Zamp Kelp
Volker Busse
Thomas Gutt
Karl-Heinz Winkens
Wettbewerb 2. Stufe:
Hanns-Peter Wulf
Olaf Laustroer
Christian Schmitz
Alexander Sittler
Mattias Caduff
Christian Kaldeway
Markus Grandjean
Thomas Gutt
Cathrin de Wendt
Elisabeth Dahmen
Norbert Krümmel
Team O&O:
Christian Lichtenwagner
Walter Beer
Eva Maria Rebholz
Josef Zapletal
Alfred Pleyer
Karl Meinhart
Natalie Arzt

Marc Berutto
Rosa Borscova
Margarete Dietrich
Mona El Khafif
Mehmet Evan
Roswitha Kauer
Ursula Konzett
Leszek Liska
Heimo Math
Judith May
Rames Najjar
Christian Nuhsbaumer
Bernhard Schunak
Peter Seehauser
Georg Smolle
Szczepan Sommer
Wolfgang Steininger
Philipp Tiller
Michael Wildmann
Melich Yerlikaya
Richard Messner
Modellbau:
Josef Andraschko
Lukas Bramhas
Marco Tomaselli
Seit 1995 Arbeitsgemein-
schaft Ortner & Ortner und
Manfred Wehdorn

Leopold Museum
Christian Lichtenwagner
Eva Rebholz
Leszek Liska

Museum Moderner Kunst
Stiftung Ludwig Wien
Christian Lichtenwagner
Josef Zapletal
Szcepan Sommer

Kunsthalle Wien
Christian Lichtenwagner
Walter Beer
Heimo Math
Marc Berutto

Bibliografie / Bibliography

Bücher und Kataloge (Auswahl)
Books and catalogues (selection)

Summer of Love, Psychedelische Kunst der 60er Jahre,
Kunsthalle Wien und Schirn Kunsthalle. Frankfurt 2006

Aktuelle Architektur in Zürich. Patrick Krecl (Hg./Ed.). Zürich 2006

Zürich wird gebaut – Architekturführer Zürich 1990–2005.

Flaggschiff Schiffbau. Roderick Hönig (Hg./Ed.). Zürich 2005

Neue Steinarchitektur in Deutschland. Vincenzo Pavan (Hg./Ed.).
Basel – Boston – Berlin 2005

Architects Today. Kester Rattenbury, Robert Bevan,
Kierian Long. 2004

European Union Prize for Contemporary Architecture – Mies van der Rohe

Award 2003 (Museumsquartier Wien: Mumok, Kunsthalle, Leopold
Museum Vienna, Austria). Edition Fundació Mies van der Rohe
and ACTAR, Barcelona 2003

Schiffbau, Transformation eines Ortes/A Site Is Transformed. Bundesamt
für Kultur (Hg./Ed.). Basel – Boston – Berlin 2003

New Stone Architecture. David Dernie. London 2003

Größere Gegner gesucht/Stronger Opponents Wanted.
Museumsquartier Wien. Dietmar Steiner, Sasha Pirker, Katharina
Ritter (Hg./Eds.). Basel – Boston – Berlin 2001

Museumsquartier Wien, Die Architektur. Matthias Boeckl (Hg./Ed.),
Edition Architektur Aktuell, Wien – New York 2001

Arquitectura radical. Valencia 2001

Eine Schiffbauhalle als Kulturereignis, Lofts.
Thomas Drexel. München 2001

Museumsquartier Wien, ARD Hauptstadtstudios Berlin. Panoramas
Européens, Jean Pierre Pranlas-Descours, Michel Velly. 2001

Schiffbau. Benedikt Loderer und Stephan Wetzel, in:
Hochparterre, Oktober 2000

Berlin Architekten Porträts. Fotografien von Udo Hesse.
Tübingen, Berlin 2000

Österreichische Architekten im Gespräch mit Gerfried Sperl.
Salzburg 2000

Ortner & Ortner. Wörterbuch der Baukunst/Primer of Architecture.
Basel – Boston – Berlin 2000

Ortner & Ortner. 3 Bauten für Europäische Kultur.
Klagenfurt – Köln 1998

Ortner & Ortner. 2 Baukunstwerke. Berlin 1994

Ortner & Ortner. Baukunst. Linz – Köln 1993

Haus-Rucker-Co Denkräume. Stadträume.
Dieter Bogner (Hg./Ed.). Klagenfurt 1992

Haus-Rucker-Co 1967–1983. Frankfurt 1983

Design ist unsichtbar. Helmuth Gsöllpointner, Angela Hareiter,
Laurids Ortner (Hg./Eds.). Wien 1980

Provisorische Architektur. Laurids Ortner. Wien 1976

Eigene Texte / Own texts

Animare, in: Werk, Bauen+Wohnen 11/1998

Schwerkraft, in: Objekte und Plastiken 1955–95.
Helmuth Gsöllpointner. 1996

Überschaubar machen und verdichten, in: Plätze in der Stadt,
J. Aminde (Hg./Ed.). 1994

Der europäische Großbau, in: Werk, Bauen+Wohnen 8/1992

Leben im Büro, in: Bauwelt 13/1989; Werk,
Bauen+Wohnen 10/1989

Besonderheiten regeln das Gewöhnliche – Arbeiten und Projekte von
Haus-Rucker-Co, in: Werk, Bauen+Wohnen 4/1989

Gleich, gemischt, menschengerecht, in: Der Architekt 12/1988

Großstädtisch werden, in: Der Architekt 12/1987

Stadtkultur, in: Gefühlskollagen. Wohnen von Sinnen, 1986

Das Bedürfnis nach Großzügigkeit, in: Archithese 3/1986

Lernen von Linz, in: Jahrbuch für Architektur 1983

Il treno di ferro e plastica lungo 600 metri, in: Modo 36/1981

Das visuelle Erscheinungsbild (Forum Design), in:
Design ist unsichtbar. Wien 1980

Design des Städters, in: Design ist unsichtbar. Wien 1980

Pfauenherzensalat, in: Werk Archithese 33/44, 1979

Die urbane Identität, Haus-Rucker-Co, in: Bauwelt 46/47, 1978

Amnestie für die gebaute Realität, in: Werk Archithese 17/18, 1978

Stadtgestaltung, in: Katalog Hochschule für Gestaltung, Linz 1977

Provisorische Architektur, in: Transparent 6/1976, Kunstforum
International 129/1977, domus 569/1977

Veröffentlichungen Zeitschriften (Auswahl)
Publications in periodicals (selection)

Interview Laurids und Manfred Ortner, World Architecture 187

Naturstein ist von großer Dichte und Tiefe. Interview Robert Stadler
mit Manfred Ortner, in: Stein 5/2003

Wie haben Sie das gemacht, Herr Ortner? Manuela Hötzl im
Gespräch mit Laurids Ortner, in: Architektur & Bauforum,
FORUM 05, März/March 2003

Ein wenig Italianità (Theresienhöhe Nord, München).
Markus Allmann, in: Bauwelt 39/40, 2003

O & O bring back a neoclassical formality to library design
while leaving it with a modern sensibility. David Cohn, in:
Architectural Record 02/2003

SLUB, in: Wallpaper 03/2003

Langer Atem Lehrjahre bei Ortner & Ortner.
Christian Lichtenwagner, in: AIT 3/2002

Ort für 5 Millionen Bücher, Neubau der Sächsischen Landesbibliothek –
Staats- und Universitätsbibliothek in Dresden.
Ulrich Brinkmann, in: Bauwelt 39/2002

Sächsische Landes- und Universitätsbibliothek in Dresden,
Ortner & Ortner. Wolfgang Bachmann, in: Baumeister 9/2002

Monument der Zeitenwende, Sächsische Landesbibliothek – Staats- und
Universitätsbibliothek Dresden. Matthias Boeckl, in:
Architektur Aktuell 9/2002

Die Kunstburg von Wien. Peter M. Bode, in: art 1/2001

Ortner & Ortner, M. Wehdorn, Museumsquartier Wien. in: a+u 376

Profitieren vom Ort, Das Wiener Museumsquartier.
Matthias Boeckl, in: Werk, Bauen+Wohnen 11/2001

Ortner & Ortner in Vienna, in: architecture today 122/2001

La cultura, dalle stalle alle stelle. Rita Capezzuto, in: domus 840/2001

Le Louvre autrichien – Vienne Museumsquartier. Rafael Magrou, in:
Techniques & architecture 455/01

Experiment Stadt – Zürich West. Christoph Gunßer, in: db 6/2001

Inner Space. LIVE – Ortner & Ortner Baukunst Wien. Wolfgang Höhl,
in: DBZ 7/2001

Building of the month – The new black, in: riba Journal, June 2001

Museumsquartier in Wien. Ramesh K. Biswas, in: Bauwelt 23/2001

Häuser – Schatullen für das Schöne, Museumsquartier in Wien von
Ortner & Ortner, in: Baumeister 03/2001

Das Haus der Gegenwart. Dominik Wichmann (Hg./Ed.),
Katalog des SZ Magazins. Stuttgart 2001

Art and Empire. Michael Z. Wise, in: architecture, September 2001

Hinter der Bühne – Wohnungen auf dem Dach des Schauspielhauses Zürich,
Manuela Hötzl, in: architektur 1/2001

Gebaute Substanz – Museumsquartier Wien. Manuela Hötzl, in:
architektur 8/2000

Zu neuen Ufern – Kultur- und Werkzentrum „Schiffbau" in Zürich.
Hubertus Adam, in: Bauwelt 42/2000

Got LIVE if you want it. L. Ortner und W. Prix im Gespräch mit
Dietmar Steiner, in: Architektur Aktuell 230-231/1999

Souveräne Abstraktion. Holger Kleine, in:
Architektur Aktuell 229/1999

Bücherflimmern im Elbsand. Holger Kleine, in: Bauwelt 14/1999

Museumsquartier Wien. Das Projekt. Liesbeth Wächter-Böhm, in:
Architektur Aktuell 211-212/1998

Photonikzentrum Adlershof. Dietmar Steiner, in: domus 807/1998

Ortner & Ortner sede centrale di una banca, Potsdam Berlino.
M. Kieren, G. Zohlen, in: domus 801/1998

ARD am Reichstagsufer. Holger Kleine, in: Bauwelt 10/1998

Photonikzentrum (Neubauten 2 und 3), in: Bauwelt 28-29/1998

Geldmaschine mit Vitrine – Die neue Landeszentralbank
in Potsdam von Ortner & Ortner. Matthias Remmele, in:
Bauwelt 26/1997

Kultur- und Werkzentrum des Schauspielhauses Zürich, in:
Architektur Aktuell 195/1996

Das Potsdamer Modell – Eine interdisziplinäre Idee, in:
Architektur und Bauforum 4/1996

Im Kopf flüssig werden, Claudia Orben, in:
Architektur und Bauforum 1/1996

Bühne frei (Kultur- und Werkzentrum Zürich), in:
Werk, Bauen+Wohnen 10/1996

Laurids und Manfred Ortner, Die Grenzen der Pragmatik.
Liesbeth Waechter-Böhm, in: Architektur Aktuell 181-182/1995

Das Wiener Museumsquartier. Dietmar Steiner, in: Bauwelt 24/1995

Sturzflug großer Ideen, Stadtteilzentrum Brüser Berg, in: db 5/1995

Ortner & Ortner Europäisches Design Depot. Walter Zschokke, in:
domus 772/1995

Zentrum Brüser Berg in der Bonner Beamtensiedlung, in:
Werk, Bauen+Wohnen 4/1994

Das Zentrum zuletzt/Brüser Berg Bonn. Robert Kaltenbrunner, in:
Bauwelt 1/1994

Ein neues Beispiel Ortnerscher Baukunst. Martina Kandelar-Fritsch, in:
Architektur und Bauforum 163/1994

Blue box schwebend – Das europäische Design Depot in
Klagenfurt/Kärnten. Liesbeth Waechter-Böhm, in:
Architektur Aktuell 172/1994

Die Ästhetik ist ein Nebenprodukt. Vera Purtscher, in:
Architektur und Bauforum 143/1991

Jahrhundertprojekt Museumsquartier. Liesbeth Waechter-Böhm, in:
Architektur Aktuell 137/1990

Ortner Architekten, Nuova Sede Bene Büromöbel. E. Morteo, in:
domus 3/1991

Ortner Architekten, Museumsquartier. Dietmar Steiner, in:
domus 732/1991

Va bene. Kaye Geipel, in: db 2/1991

Das Bene Projekt. Dietmar Steiner, in: Bauwelt 13/1989

Ausstellungen / Exhibitions

Auswahl Haus-Rucker-Co und Ortner & Ortner / Selected exhibitions by Haus-Rucker-Co and Ortner & Ortner

1967 Apollogasse Wien, *Ballon für Zwei*
        Baugrube Schottenring, Wien, *Gelbes Herz*
1969 Kraftsporthalle Schleifmühlgasse, Wien, *Vanille Zukunft*
        Galerie Zwirner, Köln
1970 Museum des 20. Jahrhunderts, Wien, *Live I*
        Museum of Contemporary Crafts, New York, *Live II*
        Kunsthalle Düsseldorf, *Between*
1971 Museum Haus Lange, Krefeld, *Cover*
1972 documenta 5, Kassel, *Oase Nr. 7*
1973 Kunsthalle Hamburg, *Grüne Lunge*
1977 documenta 6, Kassel, *Rahmenbau*
        Stadt Linz, *Forum Metall*
1978 Kunsthalle Düsseldorf, Haus-Rucker-Co, *Straßen und Plätze*
        Galerie Schmela, Düsseldorf, *Zeichnungen, Projekte*
1979 Studio F. Ulm, *Pavillon der Elemente*
1980 Palazzo Montauto-Niccolini, Florenz, *Umanesimo Disumanesimo'*
        Stadt Linz, *Forum Design*
        Biennale Venedig, *Il tempo di Museo di Venezia*
1981 Galerie Schmela, Düsseldorf
1984 Nationalgalerie Berlin, *3 Großstadtbauten*
        Deutsches Architekturmuseum, Frankfurt, *Revision der Moderne*
1985 Triennale Mailand, *Ricostruzione della Città*
        Centre G. Pompidou CCI, Paris, *Nouveaux Plaisirs d'Architecture*
1986 The National Museum of Modern Art, Tokyo, *Revision of Modernism-Postmodern Architecture 1960–86*
1987 documenta 8, Kassel, *Das ideale Museum*

1992 Kunsthalle Wien, *Haus-Rucker-Co, Objekte, Konzepte, Bauten 1967–92*
1993 Architekturmuseum Basel, *Haus-Rucker-Co*
        Museum Francisco-Carolinum, Linz, *Ortner & Ortner Baukunst*
1994 Galerie Aedes, Berlin, *Ortner & Ortner Baukunst*
        Museum of Modern Art, New York, *Light Construction*
1996 MACBA, Barcelona, *Light Construction*
        Museum of Modern Art, New York, *Gifts to Philip Johnson*
1998 Europä. Design Depot, Klagenfurt, *3 Bauten für Europäische Kultur*
1999 Galerie Aedes, Berlin, *3 Bauten für Europäische Kultur*
        Zumtobel Lichtforum Wien, *3 Bauten für Europäische Kultur*
        Architekturzentrum Wien, *Das Wiener Museumsquartier und andere spannende Geschichten*
2001 Architekturzentrum Wien, *Sturm der Ruhe, What is Architecture?*
2003 Barcelona, *Exhibition European Union Prize for Contemporary Architecture – Mies van der Rohe Award 2003*
2004 Architekturzentrum Wien, *The Austrian Phenomenon, Konzeption Experimente Wien – Graz, 1958-1973*
2004 Biennale Venedig, *Metamorphosisrael - Back to the sea* Beitrag im Israel Pavillon
2004 The 1st Architectural Biennial Beijing, Beijing, *Werkschau*
2006 National Art Museum of China, Beijing, Guangdong Museum of Art, Guangzhou, *Sculptural Architecture in Austria*
2007 Kunsthalle Düsseldorf, *between 1969–73, Chronik einer Nicht-Ausstellung*
2007 Mudam Luxembourg, *Tomorrow Now, when design meets science-fiction*

Abbildungsnachweis / Picture Credits